LE
PARASITE
MORMON,

HISTOIRE

COMIQUE.

M. DC. L.

A
MONSIEVR
LE VAYER
DE BOVTIGNY.

*M*ONSIEVR,

Vous l'auriez aussi-
tost pour vostre amitié.
Si vous trouuez pas vn
Autheur dans Paris

ã ij

qui vous dédie des li-
ures à ce prix-là, ie vous
donneray celuy-cy pour
rien. Considerez-le bien
encore vne fois. S'il eſt
petit, c'eſt que l'impreſſion en eſt menuë. Il y a
bien de gros liures qui
n'en diſent pas tãt. Il y a
trois Hiſtoires toutes en-
tieres ; Il y a de la pro-
ſe, & des vers ; Il y a
du Grec, & du Latin;
ſans conter le François

dont il est tout plein.
Ma foy, Monsieur, en-
core vn coup, il n'y a pas
moyen pour le prix : Il
faut estre Autheur ou
Larron ; Et si vous n'en
donnez d'auantage,

Vostre Seruiteur.

L'VN DES AVTHEVRS

de ce Liure,

AV LECTEVR.

Lecteur. Tout ce que ie t'aprendray de ce Liure, c'eſt qu'il ne ſort pas de la main d'vn ſeul Autheur, & que nous ſommes pluſieurs qui y auons part. Pour nos noms, tu t'en paſſeras s'il te plaiſt; ſoit afin que cét ouurage, tel qu'il est, ait au moins cela de commun auec la pluspart des plus rares chefs - d'œuures de la Nature, d'auoir vne origine inconnuë ; soit que pour partir comme nous te venons de dire de plus d'vne plume, il encoure en cecy la disgrace de ces enfans, qui pour auoir plus d'vn pere, n'en trouuent pas vn qui les veüille aduoüer. Quoy qu'il en foit, ie te puis toufiours affeurer, que ce n'eft pas la crainte d'auoir offencé quelqu'vn dans cette efpece de fatyre, qui nous empefche d'y mettre nos noms. Elle n'eft ny contre Dieu, ny contre le Roy, ny contre le Public; & pour les particuliers, s'il y en auoit quelqu'vn qui euft affez mauuaife oppinion de foy pour fe croire dé-

peint icy , nous tâche-
rions de le defabuser. Ie
te veux pourtant bien
protester en faueur de
la verité , que nous n'a-
uons iamais eu deſſein
de deſigner perſonne.
Tu verras par exemple
que dans l'hiſtoire de
Mormon , nous auons
pris l'idée d'vn Paraſite
en general , & que nous
luy auons impoſé vn
nom Grec , póur nous
eſloigner le plus qu'il

ftre Parafite de mefme quand il eft vne fois à table, fçait bien faire en forte que perfonne ne touche aux plats qui font deuant luy. S'il e-ftoit neceffaire ie te fe-rois bien voir la mef-me analogie dans tous les autres noms de cét ouurage: Mais cela n'en vaut pas la peine, & tu m'en croiras bien fur ma parole. Si tu prens la peine de lire ce Liure

nous a esté possible, du particulier, & de nostre siecle. En effet tu peux auoir leu que Mormon, ou Μορμον en Grec signifie la mesme chose qu'Espouuantail en François; Nom qui nous a semblé tres-propre pour denotet vn Parasite, à cause que comme vn espouuantail dans vn champ, empesche les oyseaux de manger le grain qui y est semé; Notout entier , tu remarqueras que c'eſt peuteſtre icy le premier Roman qui ſe ſoit paſſé en vingt & quatre heures; & que la Regle d'vn iour y eſt obſeruée comme dans les plus exactes Comedies. Adieu.

LE PARASITE MORMON.

CE fut sur les bords de la Seine, à quelques Stades de Vaugirard: Autrement, ce fut à Paris dans la Gréue, qu'il arriua il y a quelque temps vne histoire, sur laquelle c'est vne grande honte qu'on n'ait point encore fait de Chanson, ny d'image.

A

O ! vous les feuls prefque dont nous recherchons l'eftime, Chers amys,

...feins des Autheurs
...e faire peindre icy
...aut, faifant gran-
...autour d'vne bel-
...ronde, auec la
...chacun d'eux au
...eur portraict, &
...à cofté, à table
...il n'y a point de
...out, pour euiter
...noxies. Mais com-
...auoiët pas dequoy
...à la defpence do
...r, ils ont iugé plus
...de prier Mon-
...Lecteur de fup-
...ar la force de fon
...ation au deffaut
...einture.

Receuez ce grotefque ramas d'auan-tures & d'imaginations Burlefques.

L'Horloge de ce baſtiment qu'vn
bel eſprit diroit auoïr eſté à bon
droit nommé l'Hoſtel de Ville,
puis qu'on y va immoler toutes les
victimes publiques, eſtoit preſte de
tuer par trois gros vilains coups
qu'elle alloit ſonner, vn criminel
condamné d'eſtre bruſlé à trois heu‑
res, quand on le vit arriuer dans ſa
charette, & s'arreſter deuant le po‑
teau qui deuoit eſtre le Dieu Ter‑
me de ſa vie. Alors vn petit hom‑
me des aſſiſtans qui eſtoïr Poëte, &
fort grand amateur de l'Aſtrée,
ſoupira ces vers auec plus de facili‑
té, que s'il n'euſt iamais fait autre
choſe que garder des moutons tou‑
te ſa vie, ou que s'il euſt beu de
l'eau de Lignon.

Il eſt hors de luy-meſme, & paſſe &
languiſſant
Il le deſcouure aſſez par ſon corps iau‑
niſſant :

Il semble que sa bile   ardente en ses
     sorties,
Vueille peindre sa rage en toutes ses
     parties ;
Et faire voir en luy, pour nous espou-
     uanter,
Combien dans ses effets elle est à redou-
     ter :
Que pour donner remede à l'ennuy qui
     l'aflige
La nature offensée ait fait voir vn
     prodige ;
Que voyant son silence, à luy nuire
     obstiné,
Elle ait fait mille voix d'vn corps in-
     fortuné ;
Que de mon iniustice elle vous entre-
     tienne ;
Et luy preste sa langue au deffaut de la
     sienne :
Mais elle parle en vain, car il est con-
     damné :
La Nature ne peut vaincre vn arrest
     donné.

Ces paroles furent vn enigme
pour toute l'affiftance , & tout ce
qu'on y pût comprendre, c'eft que
le Poëte auoit raifon de dire que
l'autre eftoit pafle , car il l'eftoit de
telle forte, qu'on euft dit que fes Iuges
l'euffent fait enduire de fouffre &
d'huile , pour luy faire prendre feu
plus facilement. Sa taille eftoit fi
extraordinairement haute , que les
plus fpirituels des affiftans difoient
qu'il s'alloit bien vanger de la Iu-
ftice , en la ruïnant en bois. Ses
yeux enfoncez dans fa tefte, fem-
bloient s'y cacher pour euiter la
veuë du funefte appareil de fa mort.
La grandeur demefurée de fon nez
faifoit dire publiquement, que s'il
euft veu auffi loin qu'il eftoit long,
il fe fuft bien donné de garde de
tomber en ce mal-heur; Et fa bouche , fenduë trois doigts par delà
les oreilles , s'entrouurant de fois
à d'autres, fit croire aux plus auifez,

que si son poumon auoit autant de
force qu'elle auoit d'estendue, il ne
manqueroit pas tout esloigné de
l'eau qu'il estoit, d'attirer à soy la
riuiere pour esteindre le feu en la
reiettant , & peut-estre mesme
noyer toute la compagnie. Ce n'e-
stoit pas son dessein neanmoins, &
il n'auoit ouuert la bouche que pour
demander à boire, & vn pain chaland.

Cette nouuelle façon de mourir
estonna le badaut de telle sorte,
qu'vn des plus raisonnables s'escria;
Vela que c'est. Ces gens-là n'auont
point d'autre Guieu que leur ventre, & y demandont ben putost du
pain que des Messes. Ce discours en
fit assembler plusieurs autres, autour
de celuy qui l'auoit prononcé : dont
le pitaut enorgueilly ; Ie sçauons
pourtant da, s'escria t'il quoy que
personne ne le luy demandast, c'en
que ç'est pourquoy on le brusle; Et

le coufin le Sargean nous la pourtant dit, da. Hé pourquoy ne nous
l'auret y pas dit? pis qu'il le fçauet
ben. Hé pourquoy ne le fçauroit-il
pas ben? pis qu'il eft membre de
Iutice, comme dit l'autre. O ben
don. Dame, il eftet de ces gens qui
aimont mieux croire que Guieu eft
à la Meffe, que d'y aller voir. Il di-
fet en Latin qu'il n'y a point de
Guieu; ce qui eft bën pus mefchan,
pelamor qu'on y dït la Meffe. Et pis
on dit qu'il voyaget itou au Ponan.
C'eft à dire en bon François, qu'il
eftoit vn tautet Vigeon; c'eft à dire,
reuerence parlé, Sodomiftre &
Atheiftre: Dame, la Iutice l'en a re-
prins comme de raifon. C'eft doma-
ge da cependan, car c'eft vn biau ieune homme. Samon, interrompit vne
femme. Hé! qu'eft-ce que la biauté
fans la bonté? Mamy, s'il n'y auoit
de bonnes parfonnes qui priont
Guieu pour les mefchans, il y a

long-temps que ces gens-là aurient
fait bismer Paris : Puis elle finit
par vn, Mon doux Giesus, mon Sau-
ueur, mon Criateur, qu'elle sous-
pira tournant les yeux dans la teste,
en telle sorte qu'on n'en voyoit que
le blanc.

Quelques gens d'esprit qui
estoient là presents, ne se pûrent
empescher de rire entendant tous
ces beaux discours. Les Badauts s'en
formaliserent, & se dirent long-
temps les vns aux autres, qu'ils fe-
soient ben des entendus, pelamor
qu'ils estient Monsieurs : Mais enfin
ils se teurent pour entendre l'histoire du criminel, qu'vn de ces
Messieurs, comme c'est la coustume en de tellesrencontres, dédui-
soit à ses amis en ces termes.

L'HISTOIRE

Du Parasite Mormon.

PVisque vous voulez sçauoir la cause de la mort de cét homme, il est raisonnable que vous appreniez quelque chose de sa naissance & de sa vie. Vous sçaurez donc que Dieu ayant dessein de punir le monde par ses trois fleaux ordinaires, y enuoya-il y à prés de trente années la peste, la guerre, & Mormon pour y causer la famine. Il executa si bien les ordres du Ciel, qu'auant mesme que de naistre il fit mourir sa mere de faim. Cette pauure femme fut tourmentée pendant sa grossesse d'vne Boulimie espouuantable : Mais elle auoit beau manger, elle n'en eſtoit pas plus graſſe , & ſon ventre ſeul qui groſſiſſoit à veuë d'œil en profitoit, prenant pour luy tout ce qui eſtoit deſtiné à la nourriture des autres parties. Donc inrerrompit le Poëte qui auoit ſouſpiré les Vers, il deuroit dire auec Ergaſile des Captifs de Plaute ,

Ce Squelette animé , cette Larue au
    teint bleſme ,
Incompatible à tous , incommode à ſoy-
    meſme ,
La faim , cét animal auide & rauiſſant,
Qui ne cherche qu'à paiſtre , & ſe tuë en
    paiſſant ;
Ce ſpectre dont touſiours l'indigence eſt
    ſuiuie ,
Ma porté dans ſes flancs & m'a don-
    né la vie.

Les Auditeurs furent fort eſtonnez de la ſaillie de cét homme qui leur eſtoit preſque à tous inconnu,

& quand il se fut appaisé , l'autre
poursuiuir ainsi son Histoire.

Ce Parasite embrion affama donc
sa mere de telle sorte , qu'il la fit enfin mourir. Le soir d'vn Mardy-gras,
apres auoir esté en festin tout le long
du iour , & auoir estonné de sa vora-
cité prodigieuse toute la compagnie , on la vit tomber sur les plats,
en disant d'vne voix foible & lan-
guissante , qu'elle mouroit de faim.
Elle ne mentoit pas , car se furent ses
dernieres paroles , apres lesquelles
on reconnût qu'elle estoit sans mouuement , & sans vie ; heureuse au-
moins en ce poinct , d'auoir éuité la
rencontre du Caresme son ennemy
qui arriua deuant le poinct du iour.

Les Medecins furent incontinent
appellez , & il ne faut pas demander
si la tristesse fut grande par toute la
maison , tant pour la mort de la mere , qu'à cause du peril que couroit
l'enfant. On l'a des-habilloit pour

faire l'operation ordinaire en de pareils accidents, quand on fut bien
eftonné de voir vn gros garçon fortir de fon ventre par vn grand troû
qu'il y faifoit à belles dents. Ah !
Dieu ils en font defia au deffert,
s'efcria-t'il en s'eflançant legere-
ment de fa mere fur la table. Il n'en
dit pas dauantage: car il fe mit à
manger de telle forte, que quand il
euft eu cent bouches, il n'en euft pas
eu aflez pour proferer la moindre parole. Il affeura pourtant quelque
temps apres, qu'il n'auoit mordu fa
mere que depuis fa mort & par force, de peur d'eftouffer dans vn corps
ou la refpiration ne portoit plus
d'air: & les dernieres paroles qu'elle auoit tenuës, par lefquelleselle ne
s'eftoit plainte que de la faim, ayderent fort à le iuftifier.

Ce conte auoit excité vn grand
efclat de rifée, dont celuy qui le fe-
foit ne paroiffant nullement efton-

né ; Vous riez pourfuiuit-il en riant
luy mefme comme les autres, & vous
auez peine à me croire : Sçachez
pourtant que ie ne vous ay dit que la
pure verité, & qu'on trouua de plus
dans la matrice de fa mere, les os
d'vn frere gemeau qu'il y auoit mangé. Vous deuriez dire qu'il les auoit
mefme tous caffez pour en fuccer
la moüelle, luy refpondit l'vn de la
compagnie en continuant de rire
de plus belle. Ce que ie vous dis eft,
repliqua l'autre. D'abord il fe mit
à table, & ce fut pourquoy fon pere
ne luy donna point d'autre nourilfe
qu'vn Cuifinier, auquel encore vous
puis-ie affeurer qu'il donnoit bien de
l'exercice, la nature l'ayant doüé
aufli bien que le Crocodile, du mouuement de la machoire fuperieure
en bas, en depit d'Ariftote ; affin
que la pefanteur de fa tefte redoublant la force & la violence des coups
qu'il donnoit aux viandes, les luy

fist broyer auec plus de facilité.
Adjouftez, dit le Poëte , que tout
mouuement du haut en bas eftant
naturel ; & celuy du bas en haut,
violent & contraint, il femble que
la nature nous deuroit faire manger
par le premier, n'eftoit qu'elle veut
enfeigner à l'homme qu'il ne doit
manger que par violance & contrainte. Monfieur à raifon repliqua l'Hiftorien : Mais quoy qu'il
en foit, fi i'ay vn peu encheri fur la
verité iufques icy , au moins vous
puis-je affeurer que ie n'adjoufteray
rien que ie ne puiffe verifier par le
témoignage de mille perfonnes dignes de foy.

Premierement, ie me fouuiens que
ie ne vous ay point encore dit le nom
de noftre homme. Il s'appelle Mormon, & eu de bonne famille. La
premiere chofe que fes parents firent , fut de l'enuoyer à l'efcole,
pource qu'vn Preftre habitué de

leur Paroiffe le voyant fi bien manger, leur auoit affeuré qu'il ne pouuoit manquer de deuenir bien fçauant, à caufe, difoit-il, d'vn certain
Prouerbe qui porte que, *Ingenij largi-*
tor venter. Ce mefme Preftre luy voulut apprendre auffi à feruir la Meffe :
Mais il eut beau faire, il ne pût iamais empefcher Mormon de vuider
la boëte de Corpus, & d'aualler le
vin des burettes. Ce n'eft pas qu'a-
uec tout cela ce ne fuft vn tres gen-
til enfant. On ne le voyoit point
comme les autres tirer des noyaux
a fes compagnons, pource qu'il les
aualloit tous. Il eftoit toufiours
fort propre : Il ne crachoit point fur
fa bauette, car il raualloit toufiours
fes crachats, de peur de rien perdre;
Il rongeoit fi bien fes ongles, qu'il
n'auoit garde de les auoir grands;
& il s'eftoit fi bien accouftumé à
mâ-cher les doits de fes gans, à caufe
qu'il en eftoient de mouton, qu'il fai-

loit bien qu'il en euſt ſouuent de
neufs. Cela eſtant ie vous laiſſe à
penſer s'il oublioit de faire la dinet-
te à l'eſcole, affin d'auoir le moyen
de desrober quelque choſe du goû-
ter de ſes compagnons ; & ſi quand
il auoit querelle contr'eux , il les
mordoit au lieu de les battre. Touſiours il auoit quelque trou à la teſte , & c'eſtoit touſiours pour s'e-
ſtre laiſſé tomber du haut de quelque eſcabeau , ou il eſtoit monté
pour atteindre à l'armoire au pain,
ou pour s'eſtre batu contre les
crieurs de petits paſtez , en leur voulant desrober quelques vns de leurs
gaſteaux. Cette viande luy plaiſoit
ſi fort, qu'il penſa meſme vne fois
eſtre bruſlé dans vn four chaud ou
il s'eſtoit fourré pour attraper des
darioles, & .... Alors le petit Poëte
auançant ſa teſte par deſſous l'aiſ-
ſelle d'vn des auditeurs ; On pourroit icy, s'ecria-t'il , appliquer vne
　　　　　　　　　　　belle

belle penſée de Monſieur de Balzac. Elle eſt de ſes lettres choiſies,
ou il eſcrit à vn pere en luy parlant
de ſon fils qui s'eſtoit bruſlé les doits
en tirant des pommes du feu, Que
iamais Enée n'auoit plus fait pour
ſon pere, que cét enfant en faiſoit
tous les iours pour des pommes cuit-
tes. Ainſi pourroit-on dire de
Mormon que ..... Mais pourquoy
faire la reduction de cette penſée?
N'eſt-elle pas aſſez claire?

L'Orateur ſupprime ſouuent
Ce que diroit vn moins ſçauant.

Pourſuiuez. Pourſuiuons donc
puiſque Monſieur le veut, continua
l'autre ; Mais à la charge qu'il ne
m'interrompra plus s'il luy plaiſt.

Mormon deuint donc ſi ſçauant
en peu de temps ſuiuant la predi-
ction de l'habitué, qu'au bout de
quinze iours on pouuoit dire dé-ja
qu'il eſtoit ſçauant iuſqu'aux dents,
& qu'il auoit mangé ſon breuiaire ;

B

ayant en effect rongé la couuertu-
re de ses heures, & troqué le dedans contre vn de ses compagnons,
pour vn quignon de pain. Mais
comment n'auroit-il pas donné ses
heures pour du pain, puis qu'il ha-
fardoit bien ses doits pour de la viande ? & qu'il les pensa laisser vne
fois à vne souriffiere, ou ils demeu-
rerent pris, & presque coupez, comme il en vouloit tirer de petits morceaux de lard qu'on y auoit mis pour
apaster des souris. Si Monsieur que
voyla, continua-t'il en montrant le
Poëte, ayme autant les allusions
que les vers, il ne manquera pas de
dire que ie ne raporte cecy que pour
luy faire accroire qu'il auoit mangé le lard. Mais pour vous montrer que ce n'est pas mon dessein,
c'est que ie veux bien vous aduoüer
qu'il ne le mangea pas pour ce coup,
& que pour l'heure ses doits luy firent bien oublier sa bouche. Cro-

yez pourtant qu'elle s'en vangea
bien : Elle leur à toufiours voulu tant de mal depuis ce temps là,
qu'il ne les y fçauroit prefque porter qu'elle ne les morde : Tant il
eft vray que tout ce qui entre dans
ce gouffre a peine d'en fortir, &
que rien ne s'en peut fauuer. Il ne
mefdit mefme qu'à caufe de cela;
c'eft à dire pource qu'il n'y a rien
furquoy elle ne veuille mordre, ny
qui puiffe euiter fes atteintes.

Vous aurez peine à le croire. Il
n'y auoit pas iufqu'à la lauûre des
efcuelles qu'il ne vift refpandre auec
regret, & dont il ne foupiraft la perte par vn, C'eft grand dommage
de perdre tant de graiffe. Auffi l'ai-
moit-il fi fort, qu'eftant deuenu
plus grand il mangea plus de quinze liures de chandelle en moins de
quinze iours, pource que fon pere qui eftoit vn bon Gaulois, croyant
qu'il l'employaft à veiller fur fes

liures , luy en donnoit tant qu'il
vouloit. Neantmoins la fourbe fut
enfin defcouuerte. On luy ofta fa
chandelle pour luy donner vne lampe : Mais ce fut inutilement , car
il trouua moyen d'en confumer
toute l'huile à faire des rofties.

Ce fut en ce temps qué commen-
çant à mettre le nez dans les Liures,
il commença auffi d'auoir des regrets
bien plus fenfibles , que ceux qu'il
auoit eus iufqu'à lors pour la lauûre
des efcuelles. Il foufpiroit toutes
les fois qu'il penfoit à la loüable
couftume de ces anciens qui fai-
foient feftin aux funerailles de leurs
morts , & qu'il fongeoit que cette
belle couftume eftoit abolie. Il
ne pouuoit voir dans Plutarque les
fuperbes banquets d'Antoine & de
Cleopatre, ny ceux de Lucullus, fans
mourir de regret de n'auoir pas efté
de ce temps là, ou de ce qu'ils n'e-
ftoient pas de celuy-cy. Ah ! di-

soit-il, que noftre regent à bien raifon de dire que le monde va touf-
jours de mal en pis. Maudit fiecle
de fer , s'efcrioit-il d'autres fois en
tafchant de profiter de fa lecture;

Combien es-tu contraire à cette aâge do-
   rée
Ie fçay bien ce que vous voulez dire,
   interrompit brufquement le Poëte.
Combien es-tu contraire à cette aage do-
   rée
Qui couloit du vieux temps de Saturne
   & de Rhée,
Où l'on dit que iamais n'entroit dans
   l'entretien ,
D'autre difcours finon; Tends ton affiet-
   te , tien.

Monfieur a mieux dit encore que
ie n'euffe fait, continua l'Hiftorien
auec vn foûris, puis reprenant le fil
de fon difcours; Vous ne fçauriez
croire , pourfuiuit-il , l'enuie qu'il

portoit à la Renommée, lors qu'il
lisoit qu'elle auoit cent bouches,
& la compassion qu'il en auoit,
quand il faisoit reflection qu'elles
n'estoient pleines que de vent. Cette pensée le faisoit tomber dans vne
autre qui luy donnoit bien plus de
desplaisir. Il se plaignoit de la Nature qui pour nourrir deux yeux,
deux oreilles, deux bras, deux pieds,
deux mains, deux jambes, vingt
doigts, & plus de vingt mille cheueux, ne luy auoit donné qu'vne
bouche ; & qui pour l'acheuer de
peindre, luy auoit fait encore vn
estomach percé, qu'il comparoit
quand il se mettoit sur son haut stile, au tonneau des Danaides. Des se-
crets de la Nature, il entroit dans
ceux de son pere, & se faschoit de
ce qu'on luy faisoit perdre le temps
à ieusner dans des Colleges, au lieu
de l'enuoyer apprendre à manger
chez quelque bon Boucher, ou de

luy faire garder des brebis ; ce qu'il
euſt beaucoup deſiré, non comme
le Berger Liſis, ou quelques anciens,
pour l'amour de la vie champeſtre.
Mais ſeulemeut à cauſe qu'il euſt
eu la conſolation de ſe voir auec des
moutons, & que les moutons ſont
bons à manger. Eſt-ce que vous crai-
gnez de deshonorer voſtre famille?
diſoit-il à ſon pere ſur ce ſujet. A-
pollon s'en eſt bien meſlé. Tenez
mon pere ; liſez dans mon Homere,
& vous verrez qu'il ne croit pas
pouuoir plus honorer les Rois,
qu'en les appellant Paſteurs. Ce
n'eſtoient pas les ſeuls diſcours qu'il
luy tenoit. Il luy en conta bien d'autres vne fois que le bon-homme
luy ayant veu boire vn plat d'a-
loüettes, comme s'il euſt aualé vn
verre de vin , luy dit, qu'il croyoit
auoir achepté vne douzaine, & non
pas vne pinte d'aloüetes. Houay:
mon pere, luy dit-il, ie croy que

vous vous ſçandaliſez de me voir
beaucoup manger? Hé! ne ſçauez-
vous pas que le feu ne l'emporte ſur
tous les elemens qu'à cauſe qu'il de-
üore les autres? & que dans la Nature tous les corps ſont plus ou
moins nobles ſelon qu'ils mangent
plus ou moins? Les pierres par exē-
ple ne ſont au deſſous des Plantes,
qu'à cauſe quelles ne ſe nourriſſent
point, & les beſtes ne ſont au deſſus
des Plantes ; les hommes au deſſus
des beſtes ; & la pluſ-part des Rois
au deſſus des hommes , qu'à cauſe
qu'ils ſe mangent tous les vns les
autres. C'eſt pour cette meſme raiſon que le Lion & l'Aigle ſont les
Princes des animaux ; & que les
grenoüilles n'en creurent point
auoir, que quand elles en eurent vn
qui les deuoroit. Tant y a mon pere que le meſme temperament
qui fait les bons eſprits , fait auſſi les
bons mangeurs: C'eſt la bile qui fait

les vns & les autres ; & tenez pour
affeuré que maintenant mefme ie
ne vous dis tant de belles chofes
qu'à caufe que ie fuis à table, & que
ie mange en vous parlant. Ah ! mon
pere fi ie pouuois auffi le faire en
Claffe, que ie deuiendrois fçauant
en peu de temps ; car l'autre iour à
caufe que i'auois feulement du pain
dans ma poche, ie me fouuiens que
ie fis merueille, & que ie prouuay à
noftre Regent , que quoy qu'en
veuille dire Ariftote, la mort n'eft
pas la plus terrible de toutes les
chofes terribles , puifque c'eft la
faim.

Sur ce mot de faim, l'vn de ces
pitaux qui efcoutoient l'Hiftorien
s'efcria en l'interrompant ; Hé ben !
Pifque c'eft la faim, boutez don fain
à voftre harangle , car palfangué, ça
n'eft ny biau ny honefte de fe gauffer
ainfin du patient. Tenez vela qu'on
le va zecuter. Ils virent qu'en ef-

fet le peuple s'esmouuoit autour de la charette ; & c'est ce qui contraignit l'Historien public de briser le conte de son Parasite, & de se contenter de leur dire; Mon Dieu ! ie suis bien fasché de ne vous pouuoir acheuer la vie de Mormon. I'auois bien encore de bonnes choses à vous conter. Ie vous eusse dit par exemple;

Comme il quitta la Philosophie pour s'adonner à la lecture du banquet des sept Sages, & des propos de Table de Plutarque ; du Sympose de Platon ; du Conuiue de Xenophon ; des Deipnosophistes d'Athenée ; du Banquet de Lapithes de Lucien ; & de quelques autres Liures semblables.

Comme il se fit vne Geographie par les viandes qui viennent de châque pays, à l'imitation de ceux qui en ont traitté suiuant l'Histoire, & par les batailles. Par exemple sur le mot de chapon, il parloit du Mans:

fur andoüille de Troye ; & fur jam-
bon, de Mayence.

Comme il alloit tous les Diman-
ches à deux ou trois grandes Meſſes
de ſuitte, pour auoir du Pain beniſt,
& comme il appelloit cela, courir la
Meſſe.

Comme il alloit en pelerinage à
Goneſſe & à Poiſſy, auſquels il auoit
grande deuotion.

Comme il débeſaſſa vn Religieux
mendiant, pource que, diſoit il , il
entreprenoit ſur ſon meſtier ; Et
comme il ſe diſoit mendiant ſeculier,
& de robe courte.

Comme ſes prieres du matin &
du ſoir, eſtoient, *Benedicite, & Graces*,
pource qu'il ne faiſoit qu'vn repas
qui duroit depuis le matin iuſques
au ſoir.

Comme il gaigna ceux qui gou-
uernent les principales Horloges
de la Ville, affin que les faiſant aller
inégallement, il puſt aller diſner en

plusieurs maisons de suite.

Côme souuent apres auoir disné aux meilleures tables , il se desguisoit en gueux pour mãger encore de la soupe.

Comme il s'alloit promener dans la ruë de la Huchette , & disoit que c'estoit vne allée plus agreable que celles des Tuilleries , ny du Palais d'Orleans.

Comme il contrefit le deuot, & alla seruir les malades à l'Hostel-Dieu , & comme il fut descouuert mangeant en vn coin les plats qu'on luy auoit dõnez à porter aux malades.

Enfin ie vous dirois comme il à esté accusé par deux de ses amis de Sodomie , & d'Atheisme , lesquels l'ont fait prendre sur le fait dans l'action de ces deux pechez ; Et ie vous pourrois adjouster mille autres plaisantes particularitez de sa vie: Mais il faut vn peu regarder celles de sa mort.

Ils ietterent la dessus la veuë vers

lepoſteau ; Mais ils n'y virent plus
ny patient ny charette , & n'apper-
ceurent qu'vn peu de peuple , lequel
encore s'eſcoulloit de tous coſtez.
Ils furent fort eſtonnez de voir que
l'execution ſe fuſt faite ſans qu'ils
y euſſent pris garde : Mais enfin ils
ſe reſolurent de s'en aller auſſi bien
que les autres. Comme ils eſtoient
preſts à ſe ſeparer, l'vn des plus ap-
parents de la troupe nommé Louuot, bruſlant d'impatience d'appren-
ddre la ſuitte de cette Hiſtoire , pria
celuy qui l'auoit racontée de venir
ſouper en ſon logis. Il s'en excuſa,
mais il luy donna vn papier où il luy
dit qu'il trouueroit quelque choſe
de ce qu'il deſiroit de ſçauoir. L'autre ne fut pas pluſtoſt de retour chez
ſoy, que l'ayant ouuert il y leut ces
paroles.

❧❧❧❧❧❧❧❧❧❧❧❧❧❧❧❧❧

CATALOGVE.

Des Oeuures de Monſieur de Mor-
mon, Conſeiller du Roy, Gentil-
homme de ſa cuiſine, & Con-
trolleur General des Feſtins de
France.

Imprimées à Paris Chez Martin
Mangear, ruë de la Huchette,
à l'Aloyau.

PAnegyrique de la S. Martin, &
des Roys.
Refutation d'vne pernicieuſe do-
ctrine introduite par vn certain
Cornaro Venitien, & le Ieſuite
Leſſius.

Examen, & refutation du dire de sainct François Xauier, *Satis est Domine, satis est.*

Demonstration Physique, ou preuue que les peuples du Septentrion ne sont plus robustes que ceux du Midy, & ne les ont souuent vaincus, qu'à cause qu'ils mangent d'auantage.

Traité des quatre repas du iour. Leur Etymologie. Ensemble vne recherche curieuse sur la façon de manger des anciens; ou il est prouué qu'ils ne mangeoient couchez sur des lits, que pour montrer qu'il faut manger iour & nuict, & que qui mange dort, ou que le veritable repos se trouue à la table.

Les vies des Hommes Illustres Grecs & Romains, comparées les vnes aux autres, ou il est prouué par le mot *Pergræcari*, que les Grecs sont tousiours emporté sur les Romains.

Commentaire sur le cinquiéme

Aphorisme d'Hipocrate, ou il est
dit, qu'il est bien plus dangereux de
manger peu, que trop. Ensemble,
vne sommaire refutation du passa-
ge qui porte, que toute repletion est
mauuaise.

Opuscule non sceptique contre
cette commune façon de parler, *Les
premiers morceaux nuisent aux derniers.*

Demonstration Mathematique, ou
l'Autheur fait voir par la propre experience de son ventre, qu'il y a du
vuide dans la nature.

De la Precellence du *Benedicité,* sur,
Laus Deo.

Inuectiue contre celuy qui trouua
moyen de prendre les Villes par famine : auec vn Eloge de Monsieur
le Marquis de la Boulaye.

Priere à S. Laurent, pour le mal des
dents.

Apologie du Pere Goulu contre
Balzac.

Apotheose d'Apicius.

Traité

Traitté de toutes les Marchandi-
ses dont on goûte auant que de les
achepter.

Manuduction à la vie Parasitique,
auec vne explication, & Apologie
de ce mot.

L'anti-Pythagoricien, ou Refutation de la doctrine de Pythagore,
qui deffendoit l'vsage de toutes les
viandes qui auoient eu vie.

Commentaire sur les loix des douze tables.

De la loüable coustume introduite dans l'Eglise de manger de la chair
depuis Noël iusqu'à la Chandeleur.
Auec vne tres-humble supplication
à nostre S. Pere de remettre la Chandeleur apres Pasques.

Le Cuisinier expert.

Le Cuisinier charitable.

Traitté des bons Chiens Tourne-
broches, aussi vtile que ceux qu'on a
faits iusqu'icy des Chiens de Chasse:
Ensemble vne briefue, & vtile metho-

C

de de les dresser.

Requeste à Monsieur le Lieutenant Ciuil à ce qu'il luy plaise faire deffence aux Cabaretiers d'auoir des plats dont le fonds s'esleue en bosse, ce qui est vne manifeste tromperie.

Autre Requeste à Nosseigneurs du Parlement, tendante à ce qu'il leur plaise faire deffence au Sieur Morin, & autres faiseurs d'Almanacs, de predire la famine, pource que cela le fait mourir de peur.

Les aduis de Monsieur de Mormom, qui sont.

Aduis aux Minimes & autres Religieux, de contre-faire souuent les malades pour auoir lieu d'estre en l'infirmerie, & manger de la chair.

Aduis aux Medecins de donner dispence de faire le Caresme à tous ceux qui la leur demanderont ; Et aduis à tout le monde de manger de la chair sans la demander.

Aduis aux Cordeliers & tous

Moynes Mandiants , ou autres , de
ne manquer iamais d'exciter à la fin
de leurs Sermons, l'affistance à la
charité.

Aduis aux gens riches & opulents
de tenir toufiours bonne table , &
de nourir plutoft des hommes que
des chiens.

Aduis à Meffieurs du Parlement
de prendre le nom de Cenateurs, ou
il eft montré que les Romains n'ont
triomphé que par le merite de ceux
qui ont porté ce nom.

Aduis à ceux qui font des marchez, de n'oublier iamais le pot de
vin.

Aduis aux gens de Confrairie, de
n'oublier pas à faire feftin aprés la
Meffe.

Aduis aux Curez de fe trouuer
toufiours aux Nopces & Baptefme.

Aduis à ceux à qui l'on prefente
quelque chofe, de ne choifir iamais
de peur d'eftre obligez par ciuilité de

prendre le pire.

Aduis aux Capucins & autres
Moynes, horſmis les Chartreux , de
diſner hors de leur Conuent le plus
ſouuent qu'ils pourront , pource
qu'auſſi bien que les vielleurs , ils ne
trouuent point de pire maiſon que
la leur.

Aduis aux traitteurs de mettre
Dindons pour faiſans , & petits Co-
chons pour Agneaux , pource que
chacun y fera ſon proffit. Le traitteur
pour ce qu'il luy en couſtera moins,
& le traitté pource qu'il en aura plus
à manger.

Aduis aux Laquais de changer
ſouuent les aſſiettes des niais qui ſe
les laiſſent emporter, par ciuilité ; Et
ſur tout de bien prendre leur temps
que leur aſſiette ſoit bien chargée.

✿✿✿✿✿✿✿✿✿✿✿✿✿✿

PROBLEMES.
De Monsieur de Mormon.

On Demande.

S'il faut prendre Medecine, ou non?

Ouy.   Pource que c'est aualler.
Nõn.   Pource qu'elle vuide l'e-
stomac.

S'il faut curer ses dents, ou non?

Ouy. Pour les empescher de pourir.
Nõn. Pource que c'est s'oster quelque chose de la bouche.

S'il faut mascher, ou non?

Ouy. Pource que c'est ioüir plus

long-temps du plaisir de manger.
Non.   Pource que c'est tousiours
perdre quelques autres morceaux
qu'on mangeroit bien cependant.

S'il faut se marier, ou non.

Ouy.   Pource qu'on fait festin.
Non.   Pource que c'est prendre
vne femme qui mange tout le reste
de sa vie la moitié du disner.

S'il vaut mieux auoir vne langue,
que de n'en auoir point ?

Ouy. Parce que la langue sert à demander à boire, & à manger.
Non. Pource qu'elle emplit la bouche, & fait perdre le temps à parler
à table.

S'il faut faire des sauces, ou non ?

Ouy.   Pource que cela donne bon

goust aux viandes.

Non.   Pource que cela ne sert qu'à faire manger aux autres, ce qu'on mangeroit bien sans sauce.

Lequel vaut mieux de dancer, ou de chanter?

Il vaut mieux manger.

Lequel vaut mieux de disner ou de souper?

Ny l'vn, ny l'autre, car il ne faut faire qu'vn repas, mais qui dure tout le long du iour.

APOPHTEGMES.

de Monsieur de Mormon.

IL disoit qu'vn œuf valoit mieux qu'vne prune: vne griue, que tous

deux: vn pigeon, que tous trois: vn
poulet, que tous quatre: vn chapon,
que tous cinq, & ainsi à proportion.

Vn iour qu'il auoit bien soif, &
qu'on ne trouua point d'autre vais-
seau pour luy donner à boire qu'vn
seau plein de vin, il le tira tout
d'vne haleine, *Et necquit se vnquam
iucundius bibisse*, Faisant allusion à ce
Roy qui dit la mesme chose, contraint de boire dans le creux de sa
main, faute d'autre vase.

Comme on parloit vn iour d'vne
grande mortalité; Tant mieux, s'e-
cria-t'il, plus de morts, moins de
mangeurs; ne reconnoissant point
d'autres ennemis.

Allant vn iour disner chez vn Eues-
que; *Pastoris est pascere*; luy dit il.
Monseigneur, ie viens disner auec
vous.

A vn qui luy disoit vn iour qu'il
auoit les yeux plus grands que la
pance; Non pas, respondit-il, quand

i'en aurois cent.

Il difoit que Pafques & Noël font les deux meilleurs iours de l'année. Pafques à caufe qu'il eft le plus efloigné du Carefme, & Noël pour ce qu'on y déieufne dés Minuict.

Il difoit qu'il eft de la Majefté d'vn Roy de difner à toutes fes tables.

Il comparoit les Courtifans aux plats qu'vn Maiftre-d'Hoftel met fur la table, dont les vns font tantoft les premiers, & tantoft les derniers, & puis font tous confondus, quand on vient à lauer les efcuelles.

Il appelloit les rots des Propos de table.

A vn qui luy reprochoit qu'il mangeoit autant que deux, il refpondit que c'eftoit à Sparte la marque des Roys.

À vn qui luy demanda ce qu'il falloit faire pour fe bien porter. Trois chofes, refpondit-il ; Bien manger , bien manger , & encore bien manger.

A vn qui luy dit vn iour en man-geant du potage, qu'il se brusloit, il repartit; Ouy, mais ie mange.

Vne fois qu'on luy reprochoit qu'il n'auoit pas dit *Benedicite.* l'ay tort, respondit-il, il le faut dire; & la dessus il fit rapporter toutes les viandes pour recommencer à disner.

Comme on luy disoit vne fois qu'il se falloit tenir à table sans se re-muer, & sans prendre autre chose que ce qui est deuant soy ; Il res-pondit que si les Espagnols n'eussent iamais voyagé , ils n'auroient pas gagné l'or des Indes.

Il disoit que pour faire que les iours d'Hyuer fussent aussi grands que ceux d'Esté , il ne faut que ieusner ius-qu'au soir.

Comme on luy demandoit pour-
quoy il cherchoit ainſi les feſtins, il
repartit que c'eſtoit parce que les feſtins ne le cherchoient pas : Et il adiouſta que nos peres auoient appellé leurs feſtins du mot latin *Feſtinare*,
pour montrer qu'il ſe faut touſiours
haſter d'y aller.

Vn iour que ſon Confeſſeur luy
remonſtroit que les Saincts auoient
bien eu de la peine à aller en Paradis
en ieuſnant ; Ie croy bien, dit-il, il
y a bien loing pour y aller ſans
manger.

Vne autrefois qu'il eſtoit bien malade, & qu'on penſoit qu'il d'euſt
mourir ; Comme on luy faiſoit re-
primande ſur ce qu'il buuoit trop
pour vn homme qui denoit bien-
toſt aller en l'autre monde, il reſpondit, Que c'eſtoit pour faire jambes
de vin.

C'estoit tout ce qui estoit dans le papier que l'Historien auoit donné à Louuot ; & il ne l'eut pas plûtost acheué de lire qu'il vit entrer dans sa chambre le Poëte de la Greue. Il eut péine à le reconnoistre d'abord, pource qu'il auoit vn manteau doublé de pane, & de meschants canons de treillis dans ses bottes , au lieu qu'à la Greue il ne luy auoit veu qu'vn meschant manteau tout simple, & qu'il estoit botté à cru. Il le reconnut neantmoins à vne reuerence Poëtique entre-autres marques, & à ce beau compliment qu'il luy fit à la mode de ceux de sa profession qui parlent d'autant plus mal qu'ils ont pris plus de peine à se preparer, & à dire quelque chose en termes extraordinaires. Si le vaillant fils de Thetis n'auoit eu le Poëte Aucugle pour Encomiaste de ses loüanges ; Et si la veine du doux Maron n'auoit transmis aux siecles a-

venir la pieté de celuy qui sauua son
pere sur ses espaules ; La Deesse a
cent bouches

N'auroit porté par l'Vniuers
Sur l'aile de mille beaux Vers
Leur nom , leur pays & leur gloire,
Et ces grands hommes du temps
passé, ne seroient pas plus celebres
que ceux de l'age futur que verront
nos neueux.   C'est ce qui a fait es-
perer à nostre veine, ayant eu principalement l'honneur de se faire tantost connoistre à vous, que vous ba-
niriez loing de vous tout desdain, en
receuant celuy qui vous peut faire
brauer le tranchant de la faux de Saturne ; Et qu'à son abord , de tous
les caracteres des passions de Monsieur de la Chambre, on n'en verroit
point d'autres briller sur vôtre visage
que ceux de la ioye. Ces paroles
furent suiuies d'vne secóde reuerence plus Poëtique encore , s'il faut
ainsi dire, que la premiere; & d'vne

feüille de papier qu'il luy presenta.
Elle contenoit ce

SONNET.

VOVS par qui Nason excité
    Vint à bout des Metamorphoses,
Filles de la Diuinité
Qui fait ressouuenir des choses.

    Cheres Muses par charité
Faites moy prendre quelques doses,
De la liqueur dont agité
L'esprit ne fait qu'Apotheoses.

    Ie veux exempter du tombeau
Vn nom plus illustre, & plus beau
Que les Iules, ny les Mecenes.

    Ça donc d'vn stile audacieux
Chastes Nymphes, mes souueraines,
Guindons-le iusques dans les Cieux.

Le Poëte accompagna ce Sonet
d'vn second compliment qui n'e-
stoit pas tout à fait si mauuais que le

premier, à cause qu'il n'auoit pas
tant pris de peine à le preparer. Son
discours contenoit en somme, que
quoy que ce fust la le premier iour
qu'il auoit eu l'honneur de le voir,
il y auoit neantmoins fort longtemps
qu'il souhaittoit le bien d'estre connu de luy; Et qu'en ayant trouué vne
occasion si fauorable, il n'auoit eu
garde de manquer à luy tesmoigner
selon son petit poüuoir, l'estime qu'il
faisoit de sa vertu. Louuot qui estoit
homme d'esprit ne manqua pas de
respondre à ce beau compliment, &
de remercier son Poëte comme on
doit faire tous ceux de cette estoffe,
par plusieurs offres de seruice en general, & rien plus. Le Poëte eut beau
faire tomber le discours sur la misere
du temps ; & exagerer la calamité
du siecle où les gens d'esprit sont si
peu considerez ; Dire que pour luy il
auoit tousiours trouué beaucoup
plus de support dans les personnes de

mediocre fortune, que dans les gens
de cour, ou les Miniſtres : Louuot
eut touſiours le poignard de meſme ;
De ſorte que noſtre pauure eſcroc
fut enfin contraint de franchir le pas,
& de luy dire tout net, Qu'il ne fein-
droit point de luy aduoüer, apres
auoir reconnu tant de bonté en luy,
que la Nature luy ayant eſté fort peu
liberale des biens de la Fortune, il
eſtoit contraint de recourir ſouuent
aux honeſtes gens pour ſubuenir aux
neceſſitez de ſa vie. Le cœur de Louuot qui n'auoit peu eſtre ſurpris par
fineſſe, ne fut pas capable de reſiſter
à l'ingenuité de ce pauure malheureux. Il tira donc deux piſtoles de ſa
pochette dont il luy fit preſent, & le
pria meſme à ſouper, mais l'autre l'en
remercia. Il le reconduiſoit à la
porte, lors qu'vn troiſieſme le ſurprit
ſur leurs complimens. Quoy ? Monſieur Louuot, leur dit-il, à donc auſſi le bien d'eſtre connu de Monſieur
Desjardins?

Desjardins: c'estoit le nom du Poëte.
Sans doute que ce papier que vous
tenez est quelqu'vn de ses beaux ouurages: Donnez-nous-en la lecture,
& ie vous promets en recompense,
continua-t'il, en tirant vn autre papier de sa pochette, de vous bien
payer vostre peine. Iamais le pauure
Desjardins n'eut plus de soucy que
cette fois; parce qu'ayant esté chez
celuy-cy vn quart-d'heure auant que
d'arriuer chez Louuot, il luy auoit
fait present du mesme sonnet, qu'il
venoit de donner à l'autre. Tout ce
qu'il pût donc faire ce fut d'esquiuer
le coup par la fuite, en coupant le
discours & leur disant brusquement
Adieu. Mais il ne fut pas plustost
party que sa fourbe fut descouuerte
par la confrontation des deux pa-
piers. Ils admirerent quelque temps
l'impudence, ou l'industrie Poëtique,
Puis Louuot prenant la parole; Il
faut aduoüer, dit-il, que i'ay passé

D

vne des plus agreables iournées de
ma vie, & que ie me puis vanter
d'auoir veu auiourd'huy trois ou
quatre originaux , ou personnages
aussi rares en leur espece qu'il y en
ait dans tout le reste de la terre. L'autre le pria de luy faire part de ses
auantures, ce qu'il fit par ces paroles.

HISTOIRE
du Pointu.

PRemierement, i'ay esté disner
ce matin chez Dipnomede, où
i'ay trouué la plus extraordinaire
forme ou matiere d'homme qui soit
au monde. Figurez-vous vn Heris-
son , vne chastaigne qui n'est pas
encore escossée ; vn Porc-Epic qui
décoche en mesme instant vne le-
gion d'alaisnes , & vous aurez le portrait au naturel de l'esprit du personnage dont ie vous parle. C'est vn

homme dont la bouche ne laſche pas
vne ſeule parole qui ne ſoit vne pointe. Il n'y a pas vne ſyllabe dans toute
la langue Françoiſe ſur laquelle il
nequiuoque.

D'abord comme on nous a donné
à lauer, Meſſieurs, nous a-t'il dit, ſi
Monſieur Dipnomede ne vous traitte pas auec toute ſa magnificence
ordinaire, ie vous puis bien aſſeurer qu'il n'en peut mais, car le voylà
qui s'en laue les mains. Cette nouuelle façon de faire les ciuilitez
d'autruy a fort eſtonné Dipnomede qui comme vous ſçauez quoy
tres honneſte homme, n'a pas vn eſprit des plus rafinez ; & qui ne ſçait
pas qu'où il y va d'vne pointe, il n'y
a rien que cette ſorte de gens ne diſent, fuſt-ce de leur propre pere. Il ne
s'eſt donc peu abſtenir de rougir vn
peu: mais cela n'a pas empeſché que
le prenant par la main, & le condui-
ſant du coſté du feu, il ne l'ait prié

tres-ciuilement de s'asseoir. Le
Pointu n'auoit garde de le quitter
à si bon marché. Quoy, Monsieur,
luy a-t'il dit, me prenez-vous pour
vne personne qui manque de feu?
Puis voyant qu'on luy presentoit
vn placet pour s'asseoir: Il n'y a pas
tant de peine à me flechir pour me
faire manger, a-t'il continué, qu'il
soit besoin de me presenter vn placet: Mais ie suis pourtant bien aise
qu'on me traitte en Conseiller &
President. Dipnomede, qui comme
ie vous ay dit, n'est pas fort accou-
stumé à cette sorte de stile a creu
entendant ses paroles qu'il s'estoit
piqué de n'auoir qu'vn si petit siege.
Hola hors s'est-il escrié, qu'on appor-
te vn fauteüil à Monsieur; Puis se
tournant vers luy; Monsieur, a-t'il
adjousté, ie vous prie d'excuser la
sottise de mes gens, vous sçauez ce
que c'est que de valets: C'est vn
grand cas que n'en ayant point

changé depuis si long-temps, ils
sont encore aussi neufs qu'au premier iour. Tant mieux, luy a respon-
da le Pointu, ils vous en dureront
plus long-temps. Comme il disoit
cecy Dipnomede luy presentoit vne
chaire à bras qu'il venoit de pæn-
dre de la main de son Maistre d'Ho-
stel : Mais nostre homme continuant tousiours dans sa belle humeur : I'ay assez de deux bras pour
manger a-t'il dit, sans en auoir quatre. Cependant l'Aumosnier disoit le *Benedicite* , & le Pointu luy
voyant faire le signe de la Croix ;
Vous nous voulez donc congedier
puisque vous nous donnez la Be-
nediction, s'est-il escrié. Sur ces
entre-faites nous nous sommes tous
trouuez assis, & luy aussi bien que
les autres, comme aussi le pauvre
Dipnomede qui estoit tout descon-
tenancé. Mais il luy en a encore
fallu bien aualler d'autres. Vous

sçauez l'ordre & la regularité qu'i
fait obseruer à seruir les viandes su
sa table, & que se souuenant peut
estre de la pensée de Paul Emile, ie
ie ne me trompe, & de plusieurs autres qui ont comparé la charge d't
bon Cuisinier à celle d'excellen
Capitaine, il prend tous les iours
plus de peine à ordonner de la dis-
position de ses plats, qu'il n'en faudroit pour ranger en bataille vne
armée de cinquante mille hommes.
Cela estant, ie vous laisse à penser si
on luy peut faire de plus grand desplaisir que de troubler sa symetrie.
La premiere chose neanmoins qu'à
faire nostre diseur de pointes, ça esté
de changer vn plat qui estoit deuant luy, pour vne bisque, auec
ces parolles ; Ie prens ma bisque.
Ie ne sçay si i'ay eu plus enuie de rire de cette plaisante pensée, que de
la plaisante grimace de Dipnomede,
qui ne voyoit pas changer l'ordre

de ses plats auec moins de regret que
s'il euft veu renuerfer celuy du monde ; Et ie vis l'heure qu'il eftoit
preft d'intenter action contre luy,
pour le faire declarer perturbateur
du repos public.

I'oubliois à vous raporter que
comme on feruoit les viandes, vn
peu auant que nous nous miffions
à table, ie luy auois dit voyant paffer vn potage ; Voyla vn potage
qui a bonne mine; & qu'il s'eftoit
mis au mefme inftant à faire vne ca-
priole à laquelle ie n'auois pas pris
garde autrement, & que ie n'auois
attribuée qu'à vn pur emportement
de desbauche : Mais ie fus bien
eftonné lors qu'il me dit vn quart-
d'heure apres, ne fe pouuant refoudre à perdre vne miferable penfée ;
I'ay fujet de me plaindre de vous,
de m'auoir tantoft fait fauter par vne
mine. Ie fus long-temps fans pouuoir comprendre ce qu'il vouloit

dire, mais il me l'expliqua enfin par
vn long commentaire qu'il me fit.

La deſſus vn valet eſt venu pour
changer les aſſiettes. Non, non,
luy a dit noſtre Pointu en l'empeſ-
chant de luy oſter la ſienne, ie ne
change point d'aſſiette puis que ie
ne bouge de table ; puis il la luy a
donnée, quand il a eu prononcé ſa
penſée, & qu'elle ne luy à plus eſté
neceſſaire pour faire ſa pointe. Vn
autre valet eſt encore ſuruenu qui
luy a preſenté du vin. Il a dit qu'il
rougiſſoit de n'eſtre pas aſſez bon
pour luy ; Et ſur ce qu'il l'a beu tout
pur & ſans eau, il a adiouſté qu'il
falloit qu'il ne fuſt guere bon, puiſque l'eau ne luy en eſtoit pas venuë
à la bouche. Alors Dipnomede luy
a preſenté vn morceau d'vne tourte,
faite de moüelle. A Dieu ne plai-
ſe, luy a-t'il dit, que ie vous ſucce iuſques à la moüelle. Dipnomede ne

luy a dit que s'il n'aimoit pas cette
sorte de tourtes, il luy en alloit faire manger d'vne autre faite d'aman-
des, que sans doute il ne trouueroit
pas mauuaise : Mais il a esté bien
estonné que nostre homme luy à re-
parti d'vn visage serieux ; Qu'il s'e-
flônoit fort qu'ils le menassoient de
les mettre à l'amende.

A mesme temps il s'est mis sans
autre propos à nous faire vne description de sa maistresse la plus plaisante du monde. Il nous a dit que
son teint n'est que de roses, & qu'elle s'appelle l'Espine, ce qui prouient
asseure.t'il, de quelque fatalité du
Ciel qui ne veut pas qu'on puisse
trouuer de roses sans espines. Il a
adiousté que ses cheueux la font
cheuir des volontez de tout le monde ; Que son front est la place d'armes de l'amour ; ses sourcils les arcs
dont ce petit Dieu se sert pour deco-

d'où il les prend ; Que ce qui l'estonne, c'est comme quoy tant de feu
qui en sort ne fond point la neige de
son teint, & ne fane point les roses
de ses joües ; Que son nez n'est rien
qu'vn parasol que la nature a pru-
demment mis au dessus de ses levres
pour les garantir des Soleils de ses
yeux ; Qu'il est bien vray qu'elle à la
bouche vn peu grande : Mais qu'il
ne s'en faut pas estonner, ses deux
oreilles l'attirant chacune à soy
pour mieux entendre les beaux discours qui en partent incessamment ;
& qu'enfin il ne trouue qu'vn seul
deffaut en elle, qui est d'auoir le
menton trop rond & potelé, pource qu'il l'empesche de finir sa description par vne poïnte.

Comme il acheuoit cette plaisante image de sa Maistresse, il s'est
trouué que par hazard, & faute de
meilleure contenance, il hachoit
en petits morceaux vne piece de

bœuf qui estoit deuant luy. On luy
a demandé ce qu'il vouloit faire ; il
a respondu que c'estoit pour couper
court. Là dessus Dipnomede qui
met tout son esprit dans ses plats
comme assez grossier & materiel,
dit le Pointu, pour estre seruy auec
le bœuf & le mouton ; se faschant de
voir la ciuilité de table si mal trait-
tée, s'est aduisé mal à propos de luy
demander s'il faisoit cela pour luy
faire piece : Mais le Pointu luy a respondu sans s'émouuoir, N'enny da,
c'est pour la deffaire. Il ne faut pas
demander s'il a esté ri de cette plaisante response. Leur querelle s'est
donc euaporée en raillerie, & Dipnomede luy a presenté deux belles
oranges en signe de reconciliation.
Toutesfois nostre homme n'auoit
garde de se tenir en si beau chemin,
dans vne si belle occasion de passer
outre. Par Dieu, a-t'il dit, comme
s'il eust esté bien fort en colere, vous

nous en donnez des plus vertes. Elles sont assez belles ce me semble, a
repliqué Dipnomede ; Et bien, a t'il
repris, vous nous en donnez de belles. Puis prenant garde qu'on auoit
apporté le rosty sur la table, vrayment, a t'il continué, vous nous ac-
commodez tout de rosty.

Ie n'aurois iamais fait si ie voulois
vous rapporter toutes les autres
pointes dont il a continué de larder
les viandes pendant tout le reste du
repas ; Comme par exemple, ce qu'il
a dit quand on a apporté le dessert ;
Que ce n'estoit pas seruir, mais des-
feruir. Ce qu'il auoit prononcé encore auparauant, en passant le bras
par dessus vne espaule de mouton,
pour me donner vn morceau d'a-
gneau ; Qu'il m'en dônoit par dessus
l'espaule ; Et ce qu'il a adjousté en
se leuant de table, faisant allusion
aux quatre seruices dont nous auôs
esté traittez, qu'il n'oublieroit ia-

mais ces quatre bons seruices. Il
me faudroit trois fois autant de
temps, pour me souuenir de toutes
ces choses, qu'il en a mis à les imagi-
ner ; outre que ie n'ay pas la memoi-
re si bonne qu'vn Escuyer de Heros
de Roman, pour me souuenir si pon-
ctuellement des moindres paroles.

Nous ne sommes pas plustost
sortis de table, que le complimen-
tant sur son bel esprit qui luy fait
tant trouuer de rares pointes ; Il ne
faut pas s'estonner s'il est aigu, aujourd'huy m'a-t'il respondu, il peut
bien s'estre esguisé sur les grets du
chemin en venant du Fau-bourg S.
Germain icy. Ie luy ay riposté du
mieux qu'il m'a esté possible, c'est
à dire à la mode des Parthes.

Nous estans donc meslez auec les
autres, on est venu à parler d'vne certaine execution qui se deuoit faire
l'apresdinée en Greve sur les trois
heures. Il nous a respondu qu'il n'en

croyoit rien, & sur ce qu'on a repar-
ty que c'estoit le bruit commun, il
a repliqué Que c'estoit iustement,
pource qu'il estoit commun qu'il
n'en faisoit point d'estat. Il n'a pourtant guere gardé ce sentiment, & vne
pointe qui luy est suruenuë à la tra-
uerse l'a bien-tost fait changer de
notte, pour nous dire d'vn visage serieux, qu'il estoit vray qu'on alloit
faire iustice d'vn homme atteint &
conuaincu de plusieurs crimes, &
qu'il estoit obligé pour plusieurs
raisons d'y assister, ne fuste qu'à cause qu'il est homme d'execution. Là
dessus il a demandé quelle heure il
estoit, & a pris congé de nous, lais-
sant toute la compagnie en fort
grande admiration, comment son
pauure esprit peut resister à tant de
diuers tours d'estrapade, qu'il luy
donne à tous momens.

L'amy de Louuot l'a interrompu
en ce lieu de sa narration, croyant

qu'elle fuſt finie, pour luy teſmoi-
gner le plaiſir qu'il y auoit pris: Mais
l'autre reprenant ſon diſcours,
Nous n'en ſommes pas encore au
bout, luy a-t'il dit, & le diuertiſſement qu'à fourny le Pointu à la compagnie n'a pas finy auec ſa prefence. Il n'a pas pluſtoſt eſté ſorty
qu'àyant teſmoigné quelque curio-
ſité d'apprendre quelque choſe de
ſa vie, vn de ceux qui a diſné auec
nous m'a ſatisfait en ces termes.

Il n'y a guere de perſonne qui
vous puiſſe mieux rendre conte de
ce que vous deſirez que moy, tant
pour ce que ie le connoys de longue
main, qu'à cauſe que cette Mademoiſelle Leſpine dont il vous a tantoſt fait vne ſi plaiſante deſcription
eſtant ma ſœur, i'ay eſté informé par
ſon moyen de mille plaiſantes particularitez de ſes amours.

Ie vous diray donc d'abord qu'il
s'appelle de la Heriſſoniere, qu'il eſt

de fort bonne naiſſance , Gentil-
homme d'extraction , & des plus riches maiſons du pays du Mayne.
Son pere l'enuoya dés ſon ieune âge
pour faire ſes Eſtudes au Coltege
des Ieſuïſtes, où il profita ſi bien qu'il
y apprit comme vons voyez, à ne
proferer pas vne ſeule parole qui ne
ſoit vne Epigrame.

A la ſortie des Eſtudes il s'aduiſa
de prendre l'eſpée, à cauſe ie m'imagine de l'affection qu'il auoit natu-
rellement pour tout ce qui eſt aigu;
Et ce fut auſſi ie penſe pourquoy il
deuint amoureux de ma ſœur, pour
ce que paſſant pa. hazard deuant noſtre porte, il entendit qu'vne de ſes
compagnes l'appelloit , Mademoiſelle de Leſpine. Il fit donc tant que
par le moyen de quelques connoiſ-
ſances qu'il auoit , il trouua moyen
d'entrer chez nous , & de rendre vi-
ſite à ma ſœur. Il ne faut pas demander s'il affila ſes pointes pour taſcher

à

à se faire entrée dans le cœur de sa
Maistresse. Mais cette pauure fille
qui n'estoit pas accoustumée à son
stile, comprit si peu tout ce qu'il
luy vouloit dire qu'elle ne luy repliqua pas vn seul mot. Cela estonna
le Pointu qui redoublant de plus
belle; Quoy vous ne dites mot Mademoiselle, luy dit-il, non plus que
si vous estiez de l'estoffe dont vous
portez le nom, c'est à dire de bois.
Ah! songez Mademoiselle que les
flûtes parlent de si bonne sorte: Faites reflection, Mademoiselle au vais-
seau fatidique Argo; Et pour vous
donner vn exemple encore plus con-
uainquant souuenez-vous, Mademoiselle de l'Espine, des espines &
des roseaux de Sirinx, qui jasoient
comme des pies borgnes. Ma sœur
fut encore plus estourdie de ce second coup que du premier. Elle
crût presque que tous ces mots
d'Argo, de flûte, & de Sirinx estoiét

autant d'iniures qu'il luy disoit, &
fut sur le poinct de l'appeller, Argo
vous-mesme. Mais elle se retint
pourtant , & apres plusieurs autres
discours qu'il luy fit , cét amoureux
Pointu ne pouuant tirer autre chose
d'elle que de l'estonnement, luy dit
cent fois qu'elle estoit plus cruelle
que son nom , & qu'estant si dure , il
ne pouuoit croire qu'elle fust d'Espine , le bois ne pouuant pas estre si
dur ; mais plûtost de pierre ou de marbre. Là dessus, ils se separerent auec
fort peu de sujet, comme vous voyez,
d'estre fort satisfaits l'vn de l'autre.

Toutefois l'amant aigu ne fut pas
plustost de retour chez soy, que sur
ce qu'il auoit dit à sa Maistresse, qu'il
ne pouuoit croire qu'elle fut d'espine comme son nom le porte ; mais
plustost de pierre ou de marbre :
Qu'as-tu fait ? de la Herissoniere,
s'écria-t'il , reculant deux ou trois
pas & croisant les bras sur son esto-

mach, comme il a veu faire à tous les
Heros de la Caffandre; Qu'as-tu fait?
ou plûtoft que n'a-tu pas fait? Tu n'as
pas encore prefque finy ta premiere
declaration d'amour. Tu ne fçais pas
encore fi ta recherche fera approu-
uée de celle de qui tout le fuccez en
depent, & comme fi tu eftois defia
fon mary, tu luy oftes fon nom. Dy.
Que veux-tu que ta Maiftreffe puiffe
croire de toy, fi tu commences tes vi-
fites par vn larcin? N'aura-t'elle pas
fujet la premiere fois qu'elle te ver-
ra, de crier au voleur; ou du moins
de te faire fermer la porte au nez,
de crainte que tu ne l'a dérobes encore. Tu l'as appellée Pierre, c'eft à
dire, que tu luy as jetté des pierres
aux oreilles, & que tu luy as dit pis
que fon nom.

Ces penfées furent fuiuies de
beaucoup d'autres qui aboutirent
à la refolution qu'il prit de retour-
ner chez nous pour rendre, difoit-il

à ma sœur ce qu'il luy auoit pris. Il
changea neantmoins de deſſein, à
cauſe d'vne ſeconde conſideration
qui luy vint, que ſe ſeroit bien
mieux fait de luy enuoyer vne lettre,
pour ce que ce ſeroit vne eſpece de
retractation par eſcrit, qui la deuroit
bien plus ſatisfaire, qui ſeroit beaucoup plus meritoire en amour, &
dont il ne ſe pourroit plus dédire,
l'ayant ſignée de ſa main. Dans cette penſée il luy eſcriuit donc vne
lettre, que ie croy auoir ſur moy,
l'ayant priſe ce matin à ma ſœur
pour la faire voir à vn de mes amis.

Là deſſus, pourſuiuit Louuot, le
frere de Mademoiſelle de l'Eſpine
a tiré pluſieurs lettres de ſa pochette, dont i'en ay retenu deux pour
les faire d'eſcrire. Voicy celle qu'il
enuoya à ſa Maiſtreſſe au ſujet de la
reſtitution de ſon nom.

IL faut bien vrayment que vous soyez d'espine, MADEMOI-SELLE, puis que vous m'auez piqué iusques au cœur. Mais asseurement qu'estant si aigre vous ne pouuez estre que de l'Espine - Vinette. Toutefois la couleur de vostre teint me feroit bien plutost croire que vous pourriez bien estre de l'Espine - Blanche, si ce n'est que vous sentez encore meilleur. La bonne odeur de vostre vie authorise ce discours, MADEMOISELLE, ce qui fait que si comme ie vous viens de dire i'en ay le cœur piqué, i'en ay le nez encore plus embausmé. Mais pourquoy dire que i'en ay le cœur piqué ? puisque ie ne me pique d'autre chose que d'estre,

MADEMOISELLE,

Vostre tres-humble, tres-obeyssant,
& tres-fidelle seruiteur.
DE LA HERISSONIERE.

E iij

En voicy vne autre qu'il luy à encore escrite au sujet de quelque description qu'il luy enuoyoit au mesme temps. Elle est aussi pointuë que
la premiere, & n'est conceuë en guere meilleurs termes.

MADEMOISELLE,

Ie vous enuoye vne description que
j'ay faite des beautez de vostre visage,
qui est enrichie de pensées si aiguës que
ce portrait peut bien passer pour vne
miniature, tant j'ay pris de peine à le
pointiller. Ie l'ay fait pourtant tout
d'vne haleine, & c'est ce qui fait que
vous deuez moins vous estonner qu'il
y ayt tant de pointes, n'y ayant rien
de si pointu qu'vne aleisne, aprés vo-
stre bel esprit, & celuy de celuy, qui
veut mourir, s'il ne vit tousiours,

MADEMOISELLE,

Vostre tres-humble, tres-obeyssant,
& passionné esclaue.
DE LA HERISSONIERE.

Le Sieur Louuot ayant acheué la lecture de ces deux Lettres, reprit son discours en cette sorte.

Le Frere de , Mademoiselle Lespine nous en à encore leu plusieurs autres que ie n'ay pas ; Et nous a dit en suitte que sa sœur n'auoit guere mieux compris les premieres Lettres du Pointu que son compliment: Mais que s'estant neanmoins accoustumée depuis à son stile , elle l'auoit prié mesme de la visiter souuent , & de luy escrire , pour s'en diuertir. Toutefois, a-t'il continüé, cette bonne intelligence ne dura pas long-temps. La trouuant vn iour sur la lecture du Mitridate; C'est sans doute par charité , & pour guarir ceux que vous empoisonnez de vos yeux , Mademoiselle , luy dit-il , que vous tenez le Mitridate en main. Ma sœur qui contre l'ordinaire de celles de son sexe ,se connoist quelquesfois aux bonnes cho-

E iiij

ses , & qui m'auoit ouy faire vne
estime particuliere de cét incom-
parable ouurage, luy respondit ;
C'est bien plûtost pour empoison-
ner vne profonde melancholie qui
me tourmente depuis hier au soir,
car à mon gré c'est bien le plus beau,
le plus iudicieux, & le plus diuer-
tissant de tous les Romans. Comment ? Mademoiselle , luy repliqua
le Pointu, les contraires se peuuent-
ils donc trouuer ensemble, & la tristesse habiter auec les graces, & les
ris ? Ie ne sçay pas bien tout cela,
repartit ma sœur ; Mais ie sçay bien
que ie sens mon esprit enseuely sous
vne tres profonde tristesse. Il luy
faudroit donc bien plûtost du baû-
me que du Mitridate , reprit de la
Herissoniere , car on en met ordinairement à ceux qui sont enseue-
lis. En disant cecy il prit le Mitridate des mains de ma sœur, & iet-
tant les yeux sur la mesme page où

elle en estoit demeurée, il trouua
vn endroit où l'Autheur dit que
Leosthenes deuint amoureux d'A-
riadne en la voyant sur vn Theatre,
où elle estoit montée pour celebrer
vne espece de ieux. Ah ! que l'Autheur, s'escria-t'il là dessus, l'a iudi-
cieusement fait monter sur vn es-
chafaut, puis que c'estoit pour donner la mort. Vrayment si donner
de l'amour, c'est donner la mort, luy
dit sa Maistresse, il faut que vous
soyez vn grand menteur, car il y a
prés de deux mois que vous ne me
parlez que de cette passion que vous
auez dites-vous pour moy ; & vous
voyla neanmoins plus sain & gail-
lard que le premier iour. Ne le
prenez pas là, luy riposta le Pointu ; Si ie vis, c'est que vous m'auez
ressuscité ; & que semblable à cette fontaine de Dodone, dans laquelle les flambeaux allumez s'estei-
gnent, & ceux qui sont esteints sa-

lument; vos beaux yeux tuent les
viuants , & reſſuſcitent les morts.
Tout ce que ie puis comprendre
dans voſtre diſcours , luy reſpondit
ma ſœur, c'eſt qu'à voſtre conte ie
ne deurois marcher que dans des cimetieres, puis que ie rens ſi bien la
vie à ceux qui l'ont perduë. Si vous
n'y marchez , reprit-il , au moins en
auez vous touſiours auec vous. Vos
yeux ſont deux cimetieres des liber-
tez , & c'eſt par le nombre de celles qui y ſont enterrées qu'ils ſont
ainſi eſleuez à fleur de teſte. Ie ſe-
rois bien fachée que cela fuſt vray,
repartit-elle , car à force d'y eſleuer tant de nouuelles foſſes on pourroit bien les en faire ſortir enfin.
C'eſt pourtant ce que vous deuriez
ſouhaiter Mademoiſelle, dit le Pointu ; car les belles choſes ne ſe peuuent aſſez monſtrer. Mais que dis-
je, que vos beaux yeux ne ſe peuuent
aſſez monſtrer? Ah! que bien au con-

traire , la Nature a fagement fait
d'en cacher la plus grande partie ;
car fi le peu qui en paroift fait tant
de meurtres , que feroit ce s'ils
eftoient veus tous entiers? O ı qu'elle euft donc bien mieux fait encore
de les enfoncer dauantage. Toutefois, reprit il, cela n'euft peut-eftre
feruy qu'à leur faire au deuant vne
efpece de vifiere, & de Sarbatane,
pour mirer encore mieux leurs traits,
& les faire porter plus loing.

Cette traifnée de belles penfées
fut interrompuë par l'arriuée de
quatre ou cinq perfonnes tant filles que hommes, entre lefquelsil y
auoit deux autres perfonnages pour
le moins auffi rares que celuy dont
nous parlons. C'eftoit vn Poëte
nommé Desjardins, & vn Parafite
appellé Mormon. Il ne faut pas demander fi les premiers propos apres
les reuerences furent du temps qu'il
faifoit. Mon Dieu, dit ma fœur,

que voila vn vilain temps. Ie pense
pour moy , qu'il pleuura toute l'année. Ie m'imagine qu'il fait bien vilain par Paris. De ce discours elle ne
manqua pas de venir à celuy des
nouuelles. Hé ! bien, dit elle encore,
que nous apprendrez-vous de nouueau ? Que dit-on du Cardinal ?

Comme le Cardinal n'a point eu
de plus grands ennemis que les sots,
& les Poëtes du Pont-neuf, ie ne
doutay point que celuy-cy & ses
compagnons ne fussent de ses per-
secuteurs ; Et pour les preuenir & les
empescher de dire quelque sottise
qui m'engageast à leur respondre ;
C'est vne mal-heureuse condition
que la sienne , leur dis-je, c'est à dire
celle d'vn premier Ministre. Il ne
semble estre en vn estage metoyen
entre le Prince & le Peuple , que
pour receuoir tous les coups qu'ils
se portent reciproquement ; Et son
malheur est si grand que desaprou-

uant souuent le procedé de l'vn &
de l'autre, il est obligé de respondre
des actions, & des fautes de tous les
deux. Ie ne sçay si ce fut pour me
complaire, & pour auoir compris
mon intention : mais tant y a que
nos gens me tesmoignerent fort
estre de mon aduis. Il est vray, s'escria le Poëte.

A quelque heureuse fin que tendent ses
  projets,
Iamais il ne fait bien au dire des Sujets.
Il passe pour cruel, s'il garde la Iustice:
S'il est doux, pour timide & partisan du
  vice :
S'il se porte à la guerre, il fait des mal-
  heureux :
S'il entretient la paix, il n'est pas gene-
  reux :
S'il pardonne, il est mol; s'il se vange,
  barbare :
S'il donne, il est prodigue, & s'il espar-
  gne, auare:

Ses desseins les plus purs, & les plus in-
  nocens
Tousiours en quelque esprit iettent vn
  mouuais sens ;
Et iamais sa vertu tant soit-elle connuë
En l'estime des fols ne passe toute nuë.

Le Pointu adiousta à ces Vers
d'vne Comedie de Rotrou; Qu'il ne
falloit pas s'estonner si tous ceux
qui s'estoient meslez d'escrire contre le Cardinal s'en estoient acqui-
tez si miserablement, pour ce que
ce n'est pas merueille que des Espagnols ne sçachent pas escrire en
François : Et le Parasite Mormon
pour tesmoigner sa profonde lecture, apres auoir asseuré qu'il auoit veu
quelque chose de semblable à cette
pensée dãs quelque piece du temps,
poursuiuit de dire ; Que c'estoit vne
grande honte qu'on vendist publiquement sur le Pont-neuf tant de
libelles diffamatoires contre l'au-

thorité du Roy ; Que l'on deuroit
ietter du haut du pont en bas, tous
ceux qui fe meflent d'y en debiter,
fuiuant le Prouerbe Latin , *De ponte
deücere* ; & les faire chanter en les
precipitant vne autre Chanfon que
le tiltre de leurs pieces ; Allegant là
deffus, pour Meffieurs les Frondeurs,
le Vers d'vne Eclogue de Virgile.

Hic altà de rupe canet frondator
ad auras.

Ie n'euffe pas trouué cette derniere application mauuaife , fi elle
euft efté faite plus à propos, & en
vne meilleure faifon que deuant vne
femme. Auffi ma fœur qui n'y entendoit rien , & que ce difcours en-
nuyoit, le rompit bien-toft pour demander au Poëte, s'il n'auoit rien
fait de nouueau. Il refpondit que
non ; Et elle repliqua que puis qu'il
n'auoit rien pour diuertir la compa-

gnie, il falloit donc joüer à quelque jeu.   Pour s'accommoder à la
galanterie de nos Heros, on choisit
celuy du Pied de Bœuf.   C'est vn
jeu où l'on met chacun vne main
l'vne sur l'autre, qu'on retire aprés
à son rang ;   & celuy qui l'oste le
neufuiéme est reputé Roy , & a
droict de commander ce que bon
luy semble aux autres, qui sont te-
nus de luy obeyr. Ma sœur fut Reine dés le premier coup ; Et elle nous
obligea tous à luy faire vn conte.
Vne de ses compagnes qui creuoit
desprit s'en acquita de cette sorte.

Effectiuement il y auoit vne fois
vne fille qui estoit recherchée d'vn
garçon. Estant recherchée de ce
garçon, ses parents ne vouloient
point consentir à leur mariage. Ses
parents ne voulant point consentir à
leur mariage; Que fit elle? Elle resolut
de se faire enleuer. Ayāt resolu de se
faire enleuer ; Dame vous me faites
trop

trop d'honneur. Ie vous pofe en
fait qu'vn beau iour faifant femblant d'aller à la Meffe , voyla ce
garçon qui la prend dans vn Carof-
fe, & ils s'en allerent tant que terre
les pût porter fe marier à trois lieuës
d'icy.

Cette belle Hiftoire eftant acheuée, ce fut le rang des trois Illuftres
de joüer leurs rolles.

Mormon raconta le conte qu'on
fait d'vn vieux defbauché de Poi-
tiers nommé Paffay, qui rentre fi
peu dans fa maifon depuis qu'il en
eft forty du grand matin pour aller
au Cabaret , qu'on dit que fes enfans fe demandoient vn iour l'vn à
l'autre: Mon frere qui eft donc ce
vieux homme habillé de gris qui
vient coucher tous les foirs auec
Maman.

Le Pointu recita l'Hiftoire de ce
bon drofle, qui eftant trouué vn
iour par vne de fes voifines qui le

F

cherchoit par tout, acculant fa fer-
uante fur vn fac de bled dans fon
grenier, pendant qu'on donnoit
l'Extreme-Onction à fa femme qui
fe mouroit, refpondit à celle qui
le furprit en cette aggreable action,
comme elle luy en vouloit faire des
reproches ; Que penfez-vous ma
voifine ? Ie fuis fi eftourdy de la
mort de ma femme que ie ne fçais ce
que ie fais.

Et le Poëte raporta la repartie
qu'il auoit leuë de ce petit Corde-
lier, auquel vn honnefte homme
ayant dit vn iour ; Vien ça petit
Moyne, aduoüe la verité : N'eft-il
pas vray que tu as vne garce? O ! nen-
ny pas encore Monfieur, refpondit-
il ingenüement, car ie ne fuis pas encore *in facris.*

Quoy que les filles n'euffent pas
moins pris de plaifir à ces contes que
les hommes : Et qu'elles euffent
ouuert les oreilles les plus grandes

qu'il leur auoit esté possible pour
les entendre, elles ne laisserent pas
d'en contrefaire fort les scandalisées
quand ils furent acheuez.

Ma sœur entr'autres dit qu'ils
estoient des insolents ; qu'elle s'e-
stonnoit fort qu'ils vinsent chez
elle pour y tenir de semblables discours ; Et s'adressant particuliere-
ment au pauure Poëte, par la mesme raison qui veut que toutes les
niauuaises humeurs du corps tombent tousiours sur la partie la plus
foible, elle luy dit, Qu'il abusoit de
l'honneur qu'on luy faisoit de le
souffrir ; Qu'e depuis qu'il auoit vn
manteau doublé de pane, il vouloit faire du compagnon : Mais
qu'elle sçauoit bien comme il falloit apprendre à viure aux gens de
sa sorte. Aussi tost se tournant vers
les autres filles ; Laissons-là ces vilains, leur dit-elle ; & en mesme
temps elles se mirent à faire vne con-

uerſation à part. Ie fis tout ce qui
me fut poſſible pour conſoler noſtre
pauure petit homme qui eſtoit bien
déconcerté. Pour Mormon, & le
Pointu comme moins offencez, ils
n'en faiſoient que rire. Mais quant
à luy, il eſtoit ſi piqué que ne ſçachant comment ſe vanger autrement; N'eſt ce pas vne eſtrange be-
ſte que ces femmes, me reſpondit-il.
Ah ! que ſi voſtre conſideration ne
me retenoit, ie leur en donnerois
tout du long de l'aune ; car ie ſçay
vn diſcours par cœur où elles ſont
accommodées comme il faut. Ie luy
proteſtay qu'il ne me pouuoit faire
vn plus grand plaiſir que de les mal
traitter ; qu'il n'en pouuoit dire
tant de mal que ie n'en creuſſe encore d'auantage ; & que ie luy pro-
mettois de le reuancher contre ma
ſœur, ſi elle s'emportoit. A cette
condition, me dit-il, ie le veux bien:
Et là deſſus il ſe mit à parler, ou

pour mieux dire à declamer à peu
prés en ces termes.

E T c'est pour cette raison aussi, que
i'appelle du iugement de cette sorte de monstre qu'on appelle femme. Ie
me tiendrois entierement deshonoré de
l'approbation de ces animaux foibles &
debiles, qu'on peut dire n'auoir iamais
rien aimé ny produit de bon que l'homme ; qui n'ont de raison que ce qu'il
leur en faut pour la combatre ; dont
l'ame n'est pas moins sujette aux char-
gements de la Lune que le corps ; &
l'esprit desquels n'a pas des appetits
moins dereglez, que ceux que leur cau-
sent tous les iours leurs maladies d'a-
mour, ou leurs grossesses. Ie n'ay donc
garde d'aspirer à vne estime que ie croy
si desauantageuse. Et ie ne doute point
que les femmes ne hayssent mes ouurages, pource qu'elles sont jalouses que ie
face des enfans sans elles. Ie fais gloire d'estre en mauuaise odeur auprés

F iij

d'vn sexe qui ne peut souffrir la pluspart du temps celle de l'ambre ny du
musc ; & lorsque ie veux esleuer mon
esprit à quelque chose de tant soit peu
raisonnable , la premiere regle que ie
luy impose , c'est de ne rien penser qui
puisse estre agreé , ny si ie puis mesme
entendu de cette sotte & ridicule moitié du monde. Qu'on ne me demande
point pourquoy ie leur ay donc adressé
de ces lettres , & cette preface mesme ,
& pour quelle raison i'en ay tant loüé
quelquesvnes. Ie me serois bien donné
de garde de leur parler icy , si ce n'a-
uoit esté pour auoir le plaisir de leur
chanter des iniures : Et pour ce qui est
des lettres que ie leur ay escrittes , &
où i'ay parlé à leur auantage ; Ie res-
pons que l'escriture ayant prononcé que
tout homme est menteur , ce n'est pas
merueille que ie n'aye pas tousiours dit
la verité ; Que quelques Philosophes
pour delasser, & pour exercer leur se-
prit sur des Paradoxes, ont bien loüé

les vices, & les maladies les plus enor-
mes, comme la fievre, la verole, la
folie, & le Larcin; & qu'aprés tout
il est bien plus probable que ie n'aye
sceu ce que ie faisois, & que ie fusse
tout à fait hors du sens & de l'esprit
quand ie parlois à leur louange, qu'il
n'est possible qu'elles ne soient pas la
chose du monde, la plus vile, la plus
ridicule, la moins sensée, & la plus
hayssable. En verité i'ay presque regret d'estre au monde, quand ie fais
reflection que i'y suis venu par le moyen
d'vne femme. Ie ne m'estonne point qu'il
y ayt si peu de personnes raisonnables, ny
que le monde soit plein de tant de sots,
puis qu'il n'y a personne qui n'ayt eu
vne femme pour mere : Et ie trouue
que Dieu eut bien raison d'endormir
l'homme quand il luy voulut faire vn
si funeste present, car asseurement que
s'il eust esté eueillé, & qu'il eust eu l'v-
sage des sens & de la raison, il se fust
bien gardé de le receuoir. C'est en par.

tie ce que i'auois à te dire.　A Dieu Lecteur. Ie suis ton ennemy si tu es femme. Si tu es homme,

　　　　　　　　　　Ton seruiteur.

Vous voyez le iugement de ce petit Poëte, qui prenant tout ce discours d'vne Preface d'vn Tome de lettres qu'vn de mes amis a faites, & qu'il n'a iamais voulu donner à l'impression, n'auoit pas l'esprit de desguiser son larcin, ny de laisser ce qui ne luy estoit pas propre. Pendant qu'il auoit prononcé cette belle harangue, ma sœur s'estoit leuée plusieurs fois pour le chasser, mais ie l'en auois tousiours empeschee; Et elle ne fut pas plustost finie que le Pointu dit qu'il luy vouloit respondre, ce qu'il fit ainsi.

Tv as bonne grace vrayement, de dire que Dieu fut obligé d'endor-

mir Adam, quand il luy voulut donner
vne femme, pour ce que s'il euſt eſté eſ-
ueillé, il n'en euſt iamais voulu. Hé
ne ſçais-tu pas qu'au contraire, c'eſt
qu'en ce temps-là où l'homme n'auoit pas
encore ſoüillé ſon innocence originelle par
le peché, il eſtoit ſi heureux que les biens
luy venoient en dormant. Tu as auſſi
bonne raiſon quand tu les accuſes de lege-
reté. Tu le fais peut-eſtre à cauſe que tu
ſçais qu'elles ont beaucoup plus de vuide que les hommes : Mais auec tout cela, qui ne ſçait qu'elles ſont ſi legeres, en
comparaiſon de nous, qu'elles ſe trouuent
touſiours deſſous ? N'as-tu point de honte de leur faire de ſi mauuaiſes obje-
ctions ? Tu deurois dire encore que c'eſt
vn grand mal de coſté qu'vne femme,
qu'on n'eſt pas pluſtoſt marié qu'on eſt
faſché, puis qu'on eſt mari : Et que l'É-
gliſe ne leur a deffendu de reſpondre à la
Meſſe, qu'à cauſe de leur babil, & pource
qu'au Kyrie elciſon elles ne voudroient
iamais auoir le dernier. Car toutes tes

accusations n'ont pas de meilleur fonde-
ment; au lieu que ie puis alleguer à leur
loüange, l'amour & le consentement
vniuersel de mille peuples qui en ont tant
fait d'estat, qu'aussi bien qu'à Messieurs
du Parlement ils leur ont fait porter la
robe longue.

SI la Herissoniere eust eu dauantage de pointes, il n'eust pas
manqué de respödre à tous les chefs
de la Preface de Desjardins: Mais
comme c'estoit tout ce qui luy en
estoit venu pour l'heure dans la fantaisie, & qu'il eust esté bien fasché
de proferer vne seule parole qui
n'eust pas esté aiguë, il ne fit pas sa
harangue plus ample, en suitte de
laquelle Mormon dit qu'il vouloit
aussi parler. Voicy le sens de son discours.

QVand les parties ont plaidé, c'est
à l'Aduocat General à donner ses
conclusions. I'en vais faire l'office. Il s'a-
git des femmes: Desjardins parle contre

elles. *De la* Heriſſoniere *prend leur deffence. Il faut examiner les raiſons de part
& d'autre, & voir ce qui s'en peut le
plus raiſonnablement conclure.*

Ce Poëte a commencé ſon accuſa tion
en les appellant monſtres. Voicy ce qui
peut eſtre la cauſe de cette iniure. Ariſtote
a eſcrit quelque part que la Nature dans
ſes productions tend touſiours au plus
parfait; De ſorte, dit-il, que quand elle
engendre la femme c'eſt contre ſon intention, pource qu'elle viſoit à faire vn homme comme quelque choſe de bien plus no-
ble. Là deſſus ce Philoſophe conclud que
la femme eſt donc vne erreur de Nature,
& qu'ainſi elle peut paſſer pour le premier de tous les monſtres. On reſpond à
cela que quand il ſeroit vray que la Nature tendiſt touſiours à ce qui eſt de plus
parfait, on n'en peut rien conclure neantmoins contre les femmes qui ſont pour le
moins auſſi nobles que l'homme, puis
qu'elles ſont de meſme eſpece. En effet il
faut bien que leur eſpece ſoit ſembla-

ble, puiſque la diuerſité de l'homme, &
de la femme ne giſt qu'en la differente
diſpoſition de la matiere, & nullement
en la forme, qui ſeule peut conſtituer les
differences ſpecifiques : Et c'eſt vn conte
de les appeller vne erreur de la Nature,
puis qu'elles ſont auſſi necceſſaires à la
conſtitution de l'eſpece de l'homme, que
l'homme meſme, & qu'elle viſeroit à ſa
deſtruction, ſi elle ne tendoit qu'à faire des
maſles. Auſſi Triſmegiſte a-t'il reconnu
cette conjonction de l'homme & de la
femme ſi neceſſaire pour la production de
toutes choſes qu'il a eſté contraint de faire Dieu maſle & femelle. Licurgus eſta-
blit vne note d'infamie contre ceux qui
ne ſe marioient point ; Et Auguſte fit vne
Loy, par laquelle il donnoit au peuple la
ſucceſſion de ceux qui mouroient ſans
enfans, & qui n'eſtoient point mariez.
C'eſt la meſme raiſon qui fait que beaucoup de peuples ſe marient quaſi dés qu'ils
ſont nez : Ceux de Tacchara qui n'ont
que trois palmes de haut, s'eſpouſent

dés l'aage de cinq ans; Les femmes de la
Colchide ont toutes des enfans à dix
qu'elles mettent au monde de la grosseur
d'vne grenoüille, quoy qu'ils ne laissent
pas de deuenir de tres-belle taille; Et
il y a des Tartares à qui le mariage semble vne chose si necessaire, que si leurs enfans meurent auant que d'auoir esté
mariez, ils ne laissent pas de celebrer
leurs nopces aprés leur mort, bruslant
sur leur bucher les contracts de leurs
mariages, & la dot mesme eu pein-
ture. Le plus sage de tous les hommes n'entreteneit-il pas sept cent femmes, & trois cent concubines? Il y a
de l'apparence que celuy qui connoissoit
la nature de toutes choses, depuis le
cedre iusqu'à l'hisope, ne se fust pas tant
chargé de cette marchandise, si elle
eust esté si mauuaise qu'on nous la veut
faire passer. Tant s'en faut, les femmes ont vn tel auantage sur les hommes en toute sorte de vertus, qu'on à
expressement choisi leur sexe pour re-

presenter les Vertus, les Graces, &
les Sciences. Les Loix qui ne faisant
les hommes maistres de leurs biens qu'à
vingt cinq ans, emancipent les femmes
à dix-huict, prononçent assez en leur
faveür; Et ces anciens Egyptiens dont
nous tenons toute nostre sagesse estimoient
tellement les femmes au dessus des hommes, que iusqu'à leur Reine ils la pre-
feroient en tout à leur Roy ; & que
dans leurs contracts de mariages le
commandement des femmes estoit ex-
pressemeut stipulé, les maris s'obligeant
de leur estre obeyssants en toutes choses.
C'est ce que ie tire en partie de ce qu'vn
bon Autheur nommé, O.　　　G.
dit à l'auantage des femmes. Que si
l'on leur reproche leur infidelité, & ces
illustres pennaches à la Mosaïque dont
elles ornent si souuent la teste de leurs
maris; Il respond que comme le verre
nous fait tout veoir de la couleur dont
il est, ainsi la tunique de l'œil appellée
tunique cornée nous fait voir des cornes

où il n'y en a point.

Venons maintenant à ce que le mefme Autheur leur objecte; Et comme nous auons fait iufqu'icy, tafchons d'adjoufter quelque chofe du noftre à fes confiderations.

S'il y a des peuples qui faffent tant d'eftat des femmes, il s'en trouue d'autres au contraire comme ceux de la Chine, & du Iapon, qui les eftiment fi peu qu'ils ne croyent pas qu'elles fe puiffent iamais fauuer. En Turquie & par toute la vafte eftenduë des Pays, où la Loy de Mahomet eft receuë, l'on tient pour vn article de foy la mortalité de leur ame. Quelques Theologiens côme Lefcot ont crû que pour eftre capables de la felicité, il faudroit qu'au bout du Iugement elles changeaffent toutes de fexe, & fuffent metamorphofées en hommes; Et vn Arabe a efcrit qu'ayant efté tirées de la cofte de l'homme, les filles reffufciteroient dans les corps de leurs peres, & les femmes dans ceux de leurs maris. L'on adjoufte,

Que pour ce qui est des Legislateurs qui ont contraint les peuples au mariage, tant s'en faut qu'on en puisse rien conclure en leur faueur, qu'il n'y a rien au contraire qui fasse mieux voir la violence dont il a fallu vser enuers les premiers hommes, pour les obliger à cette fatale societé ; que ces grands Politiques ont eu raison d'en vser de la sorte, pource que personne ne se fust iamais voulu marier, si l'on n'y eust esté contraint; Et quant à Salomon, l'on sçait bienque s'il eut quantité de femmes, aussi le firent-elles pecher, ainsi que nostre premier Pere. Prendre vne femme, c'est donc prendre vne monture pour courir à son malheur, ou pour mieux dire la poste pour l'autre monde. C'est pour loger vne petite partie de nostre corps à son aise, mettre tout le reste dans la plus grande misere qui luy puisse iamais arriuer. Apres cela, qui s'estonnera si le Soleil peut demeurer vn mois tous les ans dans la Maison de la Vierge, sans qu'il luy prenne iamais en-
uie

uie de luy faire perdre ſon nom. Ce Dieu
qui voit tout, voit trop bien le mal qui
luy en arriueroit. Il n'y a ſorte de vice
dont cette baſſe & vile eſpece ne ſoit en-
tachée. La colere, l'auarice, l'orgueil,
la faineantiſe, la luxure, enfin tout ce
qu'il y a de crimes dans la Morale leur
ſont des qualitez eſſentielles. Leur incon-
ſtance eſt telle que les Italiens ont ap-
pellé Cor di Donna, *cette plante que*
nous nommons le Soucy, pour monſtrer
que comme cette herbe, ſi elles regardent
le matin d'vn coſté elles ſe tourneront le
ſoir de l'autre: Et leur loyauté eſt ſi gran-
de qu'vne des plus chaſtes d'entr'elles
croyoit dernierement auoir donné vne
haute preuue de vertu, pour ne s'eſtre
iamais voulu laiſſer baiſer la langue
dans la bouche à ſon adultere, diſant
que c'eſtoit par là qu'elle auoit promis
fidelité. Adjouſtez à cela cette foibleſſe
d'ame qui les rend incapables de ſouffrir
tout ce qui paſſe la portée de leur demy-
eſprit; Cette puanteur ou gouſt de marée

G

de leurs parties secrettes qui a fait si jo-
liement appliquer le Vers d'Horace,

Desinit in piscem mulier formosa
superne.

Et les crieries, & contradictions conti-
nuelles dont elles mettent cent fois le iour
la côstance d'vn pauure mary aux abois.

Vna laboranti poterit succurrere
Lunæ.

Celuy - là n'estoit donc pas tant
sot qui demandoit à son voisin vn re-
jetton de l'arbre ou sa femme s'estoit
penduë ; Et cét autre n'auoit pas maü-
uaise raison qui cherchant le corps de
sa femme qui s'estoit noyée, remontoit le
cours de la Riuiere, auec cette respon-
ce à ceux qui l'en reprenoient, qu'il-le
faisoit ayant esprouué que sa femme
faisoit toutes choses au rebours des au-
tres. Iean Empereur de Moscouie auoit
certes raison de s'esuanoüir autant de
fois qu'il voyoit vne femme ; Car il n'y
peut auoir trop d'antipathie, entre nous
& ce méchant animal. Orphée qui

pût vaincre le naturel farouche des Ti-
gres & des Lyons ne pût adoucir celuy
des femmes. Toutefois i'ay tort de
m'emporter ainsi contre elles. Si l'a-
xiome est veritable que toutes choses ne
subsistent que par le moyen de leurs
contraires, il faùt bien qu'il y ayt des
cemmes, puis qu'il y a des hommes ver-
tueux, & des gens d'esprit au monde.
C'est bien la raison qu'on ait vn pot
de chambre dans vne famille. L'on
leur reproche leur lubricité & que le
Cancer qu'elles ont sous le busq ne se
peut rassassier de viande; Mais n'est-ce
pas vne grande honte de leur plaindre
leurs morceaux? *Que vous importe si*

Inter se geminos audent commit-
tere cunnos,

Mentiturq; virū prodigiosa Venus,
Elles ne se meslent pas, si,

Istud quod digitis Pontice perdis
homo est.

*N'est - ce pas vne grande ef-
fronterie à vous d'aller mettre le nez*

iusques sous leur iuppe, pour voir ce
qui s'y passe de plus secret. Chacun est
maistre de sa personne, dequoy vous
meslez-vous si elles se grattent là ou
autre part? Si c'est auec le doit ou autre chose? Les eaux veulent auoir leur
cours libre. Si elles se laissent quelquefois tomber en arriere, il n'y a si bon
chartier qui ne verse. Raillerie a part
n'est-ce pas vne grande simplicité à vn
mary de vouloir garder vne serrure où
toutes sortes de clefs sont bonnes; Et
auec deux méchants yeux depenser tellement obseruer vne femme qu'on l'empesche de mal-faire, si Argus qui en
auoit cent ne pût seulement conseruer
vne vache. Elle fera assez la prude
deuant luy; Mais tenez pour asseuré
qu'il n'aura pas si-tost le dos tourné
qu'elle tendra le deuant à son adultere;
comme nous voyons que la Lune tant
qu'elle est en conionction auec le Soleil
fait si bien la retirée qu'on ne la voit
point, là où il ne commence pas plu-

toſt à s'eſloigner d'elle, qu'elle commence à ſe montrer à toute la terre, & à
courir le guilledou par le Ciel aux yeux
de tout le monde.

Voyla à peu prez ce qu'on peut
apporter en faueur, & au deſauan-
tage des femmes. Vous voyez qu'il
y a du pour & du contre, & que ce
n'eſt pas vne matiere facile à decider.
C'eſt pourquoy ſi vous m'en croyez
nous accorderons ces deux Meſſieurs à
l'amiable, car s'ils n'en veulent paſſer
par là, ie ne crois pas que leur diſpute
porte la mine de prendre ſi toſt fin.

Mormon profera ces dernieres
paroles en s'adreſſant à moy. Ie luy
dis qu'il auoit raiſon : Mais qu'il falloit auparauaut ſçauoir des parties ſi
elles en eſtoient conſentantes ; Et
ſur ce que le Pointu & le Poëte reſ-
pondirent en riant, qu'ils ne demandoient pas mieux. Il faut donc faire
venir la collation, me dit ce Paraſite,
car vous ſçauez qu'on n'accorde ia-

mais de differents qu'on ne face boire ensemble les parties interessées.

Ie pensay creuer de rire voyant de
qu'elle façon ce goinfre faisoit tout
venir à son but, & fis apporter à
gouster sur l'heure. Mais quoy que
ie pusse dire, ie ne pus iamais faire
prendre aux femmes le moindre
morceau. Le Pointu eut beau pour
faire sa paix auec ma sœur, remon-
trer comme il auoit pris leur deffence. Elle estoit si fort irritée de la
plaisante façon dont il s'en estoit acquité, qu'elle ne le voulut pas seulement escouter ; & que depuis ce
temps-là toutes les fois qu'il est venu chez nous, elle luy a tousiours
fait dire qu'elle n'y estoit point.

Voilà, Messieurs, tout ce que ie
vous puis apprendre de la vie de
Môsieur de la Herissoniere. Ie vous
ay rapporté ces dernieres particularitez, quoy qu'en apparence assez
esloignées de son Histoire, pource

que i'ay crû qu'ayant entendu le
commencement de ses amours, vous
ne feriez pas fachez d'en apprendre
la fin.

Louuot ayant fait icy vne petite
pause, pendant laquelle son amy
luy témoigna le plaisir qu'il auoit
pris à sa narration; Le frere de Mademoiselle Lespine, continua-t'il, nous
a débité en cette sorte l'Histoire des
amours du Pointu, & de sa sœur.
C'est tout ce qu'il nous a apris de ce
plaisant personnage, en suitte de
quoy nous nous sommes separez.
Or comme vous sçauez mon chemin pour reuenir du logis de Dipnomede, chez moy, est de trauer-
ser par la Greve: I'y estois donc allé
sans faire aucune reflection sur le
sacrifice qui s'y deuoit faire, car
vous pouuez bien croire que si i'y
eusse pensé ie n'eusse eu garde de
m'y fourrer, quand i'y ay trouué
tous les embarras qui ont accoustu-

mé d'accompagner les executions.
I'ay tâché à m'esquiuer par les en-
droits les plus esloignez du posteau
& de la foule; Mais i'ay rencontré
Monsieur Marlot qui racontoit l'histoire du supplicié.   C'est bien la
chose la plus facetieuse du monde;
& ie vous laisse à penser si i'ay esté
estonné, lors que i'ay apris que c'e-
stoit ce mesme Parasite Mormon,
dont le frere de Mademoiselle l'Espine nous auoit tāt entretenu. I'ay eu
grande cōpassion de ce pauure mal-
heureux, & c'est ce Mormon, auec le
Pointu , & nostre Poëte qui sont ces
trois rares personnages que ie vous
disois tātost que i'auois veus auiourd'huy.

Là dessus l'amy de Louuot le pria
de ne luy estre pas plus chiche de
l'Histoire de Mormon que de celle
de la Herissoniere; Et Louuot pour
s'en acquiter la luy raconta à peu
prés de la mesme sorte qu'il l'auoit

aprise à la Greve ; oubliant toutefois de luy faire voir le Catalogue
des œuures de ce Parasite. Il ne paf-
sa pourtant pas sous silence , comme le Poëte auoit souuent interom-
pu le fil de l'historien par ses fre-
quentes citations , & il adiousta
comme c'estoit la premiere fois
qu'il l'eust iamais veu ; Et cependant, poursuiuit-il , ie n'ay pas plutost esté de retour chez moy que ce
braue homme m'est venu presenter
ce Sonnet que ie me sens obligé en
conscience de vous restituer ; puisque vous en estes le premier posses-
seur. I'aduouë pourtant que ie ne
luy sçaurois sçauoir mauuais gré de
m'auoir traitté comme mon meilleur amy, adiousta t'il auec vn souris, & en luy serrant la main. L'autre ne manqua pas de respondre à
cette ciuilité , puis il continua de
cette sorte.

Ce n'est pas comme à son pre-

mier poſſeſſeur ſeulement , mais
comme à ſon Autheur propre que
vous me deuez rendre le Sonnet
dont vous parlez. Il faut que vous
ſçachiez qu'il y a prés de dix ans
que ie fabriquay cette ſelle à tous
cheuaux dans le College , pour la
donner en eſtreines à vn de mes on-
cles deſguiſée en Sonnet , & que depuis ce temps-là noſtre Poëte l'ayãt
peut-eſtre iugé digne de ſon ado-
ption, s'en eſt touſiours dit le pere,
& comme tel l'a donné , ou pour
mieux dire, vendu à plus de mille
perſonnes; ainſi qu'il a tantoſt fait
à moy-meſme, ne ſçachant pas ſans
doute que i'en fuſſe l'autheur. I'ay
voulu me donner le plaiſir de luy
reſmoigner la part que i'auois dans
le preſent qu'il me faiſoit, pour voir
quelle contenance il tiendroit. Monſieur, luy ay-je dit, ie me ſouuiens
d'auoir leu dans vne infinité de Romans vne hiſtoire dont ie vous veux

faire part. L'on y voit vn ieune enfant enleué de chez ſes parens dés ſon enfance courir toute la terre auec quelque renommé Corſaire, comme qui diroit Machmut, ou quelque autre nom encore plus terrible. Toutefois celuy qui l'a enleué eſt en fin touché d'vn remors de conſcience. Il le rameine dans la maiſon de ſon pere ; & l'enfant eſt reconnu. Mais ay-je adiouſté, luy mettant quelque piſtole en main ; Ie me ſouuiens bien auſſi que le Corſaire eſt touſiours recompenſé de la bonne nourriture qu'il a donnée à l'enfant ; quand il n'y auroit pas cette autre belle raiſon, que tout le monde doit touſiours eſtre content à la fin d'vne ſi belle hiſtoire. Ie ne ſçay ſi mon Poëte n'a pas conçeu ce que ie luy voulois dire, ou s'il a feint de ne le pas comprendre. Mais ie ſçay bien qu'il n'a pas ſeulement rougy, tant il eſt ou ſtupide, ou impudent, & accouſtumé à receuoir de cette ſorte d'affronts; & qu'il ne m'a reſpondu que du pied, dont il a fait vne reuerence, auec laquelle il a pris congé de moy.

Louuot interrompant icy ſon amy; A vous entendre dire, reſpondit il, comme il eſt accouſtumé à receuoir de pareils affronts, il ſembleroit que vous auriez quelque connoiſſance de ſa vie. Auſſi ay ie, repliqua l'autre; & ie vous adiouſteray de plus que ie cónois mieux voſtre Pointu que qui que ce ſoit. Vous ſçaurez donc qu'il ne mentoit pas rantoſt quand il vous a dit qu'il eſtoit obligé de ſe trou-uer à l'execution; & que nôtre Poë-te n'auoit garde non plus d'y man-quer, y ayant tous deux auſſi bonne part que Mormon meſme, puis qu'ils eſtoient ſes delateurs. Ce qui m'e-ſtonne, c'eſt qu'ayant eſté tres-parti-culierement inſtruit du crime & de l'accuſation de ce pauure miſerable,

il ait esté condamné, & executé sans
que i'en aye eu connoiſſance. L'affaire en eſt faite, reprit Louuot.
Mais ie vous prie ne r'ouurons point
les ſepulchres, ſi l'on peut vſer de
cette metaphore au ſujet d'vn hôme
qui n'en a point. Laiſſons les morts,
& parlons des viuans. Puis que la
perſonne de noſtre Poëte vous eſt
ſi connuë, apprenez moy-quelque
choſe de ſa vie; C'eſt bien le moins
que vous me puiſſiez rendre pour les
deux beaux contes dont vous m'e-
ſtes redeuable. L'autre les luy paya
par ces paroles.

HISTOIRE
du Poëte.

QVE voulez-vous que ie vous
dic de ce petit homme ? il fau-

droit auoir autant d'induſtrie que
Heincius, qui nous a depuis peu dóné
de ſi beaux diſcours ſur vn pou, pour
vous pouuoir entretenir de cette petite portioncule de l'humanité. Toutefois ſi le prouerbe eſt veritable
δεινὰ ⲧⲫι φαχῆς, Il faut eſperer que
nous en ſortirons à noſtre honneur.

Premierement vous deuez ſçauoir
que ce n'eſt pas de Poëte ſeulement,
mais de Muſicien auſſi que Desjardins a joüé le perſonnage dans le
monde: Et c'eſt ce qui fait que vous
deuez moins vous eſtonner de ſa mi-
ſere, eſtant doüé de ces deux bonnes
qualitez, dont vne ſeule ne manque
preſque iamais à rendre vn homme
gueux pour toute ſa vie. Ce n'eſt pas
qu'à dire le vray, il ait iamais poſſe-
dé ny l'vne ny l'autre veritablement:
Mais tant y a qu'il n'a pas tenu à luy
qu'il n'ait paſſé pour tel; Et que quel-
ques-vns meſme, ſoit pour ne le pas
bien connoiſtre, ſoit peut-eſtre auſſi

pour le voir si gueux, l'ont pris pour
ce qu'il defiroit d'eſtre. Il eſt vray
que comme il connoiſſoit ſon foible il auoit l'induſtrie de ne parler iamais de vers deuant les Poëtes, mais
touſiours de muſique ; & auec les
Muſiciens de ne parler que de vers:
de ſorte que parmy les Poëtes ,il
paſſoit pour Muſicien, & parmy les
Muſiciens pour Poëte. C'eſt ce qui
me donna bien du plaiſir vn iour,
que m'eſtant ſucceſſiuement trouué
auec Voiture & Lambert, & eſtant
tombez par hazard ſur le ſujet de ce
petit Poëte: Il eſt vray, me dit Lambert, que le pauure petit Desjardins ne ſçait rien du tout en Muſique : mais en recompenſe, pour ce
qui eſt des Vers, on dit qu'il en faſt
à merueilles. Voila le iugement
qu'en faiſoit ce Muſicien. Mais le
bon fut qu'incontinent apres ayant
rencontré Voiture ; Pour moy, nous
dit-il, ie ne ſçay guere ce que c'eſt

que de la Musique, & ie croy que
Desjardins y excelle; mais il a grand
tort de se vouloir mesler de faire des
Vers où il n'entend rien.

C'est pourtant à ce dernier me-
stier qu'il s'est appliqué principalement, & c'est celuy qui l'a le plus
fait connoistre dans le monde. Aussi
ne vous entretiédray je guere que de
Desjardins le Poëte, ses principalles
auantures luy estant arriuées sous ce
dernier personnage; ainsi que vous le
verrés par le recit que ie vous vais faire de ce que i'ay pû aprédre de sa vie.

Pour commencer donc par la
naissance de nostre Heros, comme i'ay remarqué dans les bons
Romans qu'il faut tousiours faire,
ie vous diray que vous ne pouuiez
trouuer personne qui vous en peust
mieux instruire que moy, personne
n'en ayant iamais eu connoissance.
Vous diriez que ce petit homme ait
esté trouué sous vne feüille de chou
comme

commePouſſot, ou qu'il ſoit ſorty de
la terre en vne nuict côme vn cham-
pignon. Tant y a qu'il a eſté ſi heureux qu'il n'a iamais connu d'autre
pere que Dieu, ny d'autre mere que
la Nature. Il coûla les premiers iours
de ſa vie dans Noſtre Dame ; ſes
premieres années dans pluſieurs autres Egliſes ſous vn habit bleu auec
vn tronc à la main ; & les ſuiuantes
dans le College de Lizieux, où il
trouua moyen de s'eſleuer à l'eſtat
de Cuiſtre. Ce fut là qu'à force de lire les plus rares chefs-d'œuures de
nos Poëtes François qu'il rapportoit
tous les iours du marché auec le
beurre & les autres drogues qu'il
achetoit pour le diſner de ſon Mai-
ſtre, il luy prit vne ſi forte paſſion
pour la Poëſie, qu'il reſolut ainſi
qu'il diſoit alors, de deuoüer toutes
les Reliques du peloton de ſes iours
au ſeruice des neuf pucelles du
Mont au double coupeau. Mais

H

pource qu'à son gré, pour vn Poëte
de Cour, tel qu'il vouloit estre, il ne
se trouuoit pas bien dans vn College, il se resolut de changer l'Vniuersité pour le Faux-bourg S. Germain.
Il y alla donc loger au haut d'vn grenier; Et vous ne sçauez pas la belle
inuention dont il vsoit pour y descrire le soir ses beaux ouurages sans
qu'il luy en coutast rien en plume,
en ancre, ny en chandele. Il auoit
l'industrie de laisser tellement croistre l'ongle du doigt qui suit le poul-
ce de la main droite, qu'il le tailloit
& en escriuoit apres comme d'vne
plume. Parbleu voyla vn galand
homme, s'écria icy l'amy de Louuot.
Ne s'en sert-il point aussi au lieu de
chausse-pied, & ne vend-il point les
autres pour faire des lanternes? C'est
vn traffic dont ie ne voudrois pas
iurer qu'il ne se soit auisé, continua
Louuot. Mais tant y a qu'il n'y a rien
de si extraordinaire dans la longueur

de ses ongles, qui ne passe pour vne
tres-grande galanterie au Royaume
de Mangy ou de la Chine, & de Co_
chinchine, comme aussi parmy les
Naïres de la coste Malabare, où les
grands ongles ne se portent que par
les nobles, & où c'est vne marque
de roture de les auoir courts. C'est
peuteste, repliqua l'amy de Louuot,
ce qui fut cause de la belle mode
qui courut parmy nos godelureaux,
il y a quelque temps, de laisser ainsi
croistre l'ongle du petit doigt. Quoy
qu'il en soit, reprit Louuot, ce fut
l'artifice dont vsa Desjardins, pour
ne point achepter de plume. Au lieu
d'ancre il se seruoit de suye qu'il
destrempoit dans de l'eau, de sorte
que son escriture roussissant à mesu-
re qu'il la faisoit, il disoit par galan_
terie à ceux qui l'en railloient, que
c'estoit qu'il n'escriuoit qu'en lettres
d'or. Et il fit vn petit trou qu'il auoit
soing de boucher tous les matins

d'vne cheuille, à vne mechante cloifon qui feparoit fon galetas de celuy
d'vne blanchiffeufe chez laquelle il
logeoit, de maniere que la lueur de
la lampe à la faueur de laquelle la
blanchiffeufe feichoit fon linge, venant à paffer par ce trou, il appli-
quoit fon papier iuftement au deuant, & defroboit ainfi fans pecher,
ce qu'il n'auoit pas le moyé de payer.
Pour le iour, il le paffoit ou à porter
fes ouurages au tiers & au quart, ou à
corriger les fautes dans vne Impri-
merie, ou à fe promener dans la cour
du logis où il demeuroit. Car j'oubliois à vous dire, qu'il auoit auffi
trouué le moyen de fe chauffer à peu
de frais. Il auoit remarqué vn matin
par fa feneftre, qu'il fortoit vne ef-
paiffe fumée d'vn gros tas de fumier
qui eftoit dans la cour. Noftre Poëte
iugea que c'eftoit là fon fait, & ne
manqua pas vn feul iour de l'hiuer
d'y faire fon Peripatetifme, & d'y

aller rechauffer le feu de fa veine .

C'eſtoit ſur cette plaiſante façon
de viure, que faiſant reflection; C'eſt
ainſi, diſoit-il en luy meſme, taſchât
à ſe perſuader qu'il eſtoit vn bien
grand perſonnage, à force de ſe com-
parer aux plus grands hommes de
l'antiquité, dont il auoit leu quelque choſe dans de meſchans lieux
communs : C'eſt ainſi que ſe prome-
noient Ariſtote dans ſon Licee ; Platon dans ſon Academie ; Zenon ſous
ſes Portiques ; Epicure dans ſes jardins ; Diogene dans ſes Cynozarges ;
Pyrrhon dans ſes deſerts ; Orphée
dans ſes foreſts ; tant de bons Ana-
choretes dãs leur ſolitude ; Et noſtre
premier Pere Adam dans le Paradis
Terreſtre. Ces penſées le faiſoient
tomber dans d'autres qui ne luy donnoient pas moins de ſatisfaction. Il
comparoit la peine qu'il prenoit la
nuict pour gagner dequoy viure, à
celle qu'auoit Cleanthes de tirer de

l'eau toutes les nuicts, pour auoir le
moyen de Philofopher le refte de la
iournée; & fa plaifante façon d'ef-
crire le faifant fouuenir de la lanterne d'Epictete, qui fut venduë trois
mille drachmes apres fon deceds, il
fe perfuadoit que le petit trou qu'il
auoit fait à fa cloifon, pourroit bien
eftre quelque iour auffi celebre. Il
eft vray que du commencement il
luy furuint vn accident qui modera
bien fa ioye. Il remarqua qu'à force
de fe promener le long de fa cour,
il vfoit bien plus de fouliers, & qu'v-
ne paire de bouts qui auoit couftume de luy durer plus de quinze iours,
ne luy en feruoit plus que douze.
Que fit-il? Il fe refolut au repos. C'e-
ftoit vn plaifant fpectacle de confi-
derer noftre petit enfant barbu, plan-
té comme vne fourche deuant vne
montagne de fumier, en humer l'ex-
halaifon, & paffer là vn demy iour
fans fe mouuoir. Que s'il entendoit

quelque bruit, il se contentoit de
tourner la teste; car il n'auoit garde
de se remuer tout à fait, de peur
d'vser tousiours ses souliers dautant.
Il s'imagina mesme que ce fumier
luy pourroit bien estre vtile à mode-
rer les ardeurs de sa faim, ayant oüy
dire que les cuisiniersmangent beaucoup moins que les autres hommes,
à cause des fumées des viandes qui
les nourrissent. Mais ce ne fut pas
le seul artifice dont il se seruit, pour
suppléer au deffaut de nourriture.
Par malheur ayant mis le nez vn
iour dans Aulu-Gelle, il y leut que le
Medecin Erasistrate auoit trouué
l'inuention de demeurer long temps
sans manger, par le moyen d'vne
corde dont il se serroit le ventre.
Desjardins iugea que c'estoit là vn
exemple dont il deuoit faire son pro-
fit; Et pource que ce n'estoit pas à
son aduis, tant au ventre qu'à la gorge, que le mal le tenoit, il voulut en-

H iiij

cherir fur cètte inuention & s'eftreignit le col de telle forte , qu'il fe penfa eftrangler , & en fut longtemps malade.

Ce n'eſt pas que quand il pouuoit manger aux defpens d'autruy , il ne s'en acquitaft de tres-bonne forte: Car pour luy, s'il fe trouuoit en quelque occafion où il falluft mettre la main à la bourfe , il s'en excufoit fort bien , alleguant que comme Protogene en faifant à Rhodes le portrait de Ialife , n'auoit vefcu que d'eau & de Lupins pendant plus de fept ans qu'il y trauailla , il eftoit obligé de mefme d'obferuer vn regime femblable , à caufe de fon grand Poëme, auquel il eftoit occupé. Toutefois ce fut vne chofe bien plaifante vn foir de S. Martin qu'il fe feruit de cette defaite enuers vn folliciteur de Procez qui logeoit en mefme maifon que luy, & qui luy auoit demandé s'il ne vouloit pas

qu'ils fissent la S. Martin ensemble.
Car celuy-cy voyant noftre homme
fi efloigné de la propofition qu'il
luy auoit faite, fe contenta d'enuoyer guerir pour fon fouper vn
Poulet, iugeant que cela fuffifoit
pour luy. Mais il ne fut pas pluteft
à table que des Iardins s'en eftant
approché petit à petit ; puis en prenant vne cuiffe du Poulet ; Deuf-
fay-ie interrompre, luy dit-il, mon
trauail pour quinze iours, fi faut il
que i'en tafte, tant ie trouue qu'il a
bonne mine. Nous en pouuons encore enuoyer querir vn autre, repliqua le Solliciteur, fi le cœur vous
en dit. Ah mon Dieu! reprit le Poëte
que ce difcours defefperoit ; Ne me
don nez point occafion de violer ma
loy d'auantage ; car s'il y auoit plus
de viande, i'ay fi peu de pouuoir fur
moy, que ie ne me pourrois empefcher d'en manger. Ils eluda donc
ainfi la propofition du Solliciteur :

Neanmoins comme celuy-cy qui
n'attendoit pas ce renfort , n'auoit
fait acheter à fouper que ce qu'il luy
en falloit , il fe trouua que fa faim
n'eftant qu'à demy raffafiée , il fut
obligé d'enuoyer encore querir vn
autre Poulet. Le Poëte ne fit pas
femblant de s'en apperceuoir ; mais
quand il fut fur la table , & qu'il eut
bien fait de l'eftonné ; Ne vous l'a-
uois-je pas bien dit?continua-t'il en
fe mettant encore apres , que ie ne
me pourrois empefcher d'en manger.

C'eft ainfi que Desjardins viuoit
le moins qu'il pouuoit à fes defpens,
& le plus qu'il luy eftoit poffible à
ceux d'autruy;Et ce fut en ce temps-
là qu'à force de vendre ce qui n'e-
ftoit pas à luy , c'eft à dire fes Sonnets , & les Odes qu'il auoit derob-
bées; & d'efpargner en bois,en chandelle , & principalement en viande,
il amaffa dequoy achepter d'vne

crieufe de vieux chapeàux , des canons de treillis, & vne vieille pane.
Il ne faut pas demander s'il fe trouua braue quand il l'eut attachée à
fon manteau , & s'il fit eftimer fa
marchandife à tous ceux qu'il con-
noiffoit. Tantoft afin d'auoir occafion d'en parler , il difoit qu'il
croyoit auoir efté trompé ; Tantoft il demandoit s'il n'auoit pas
eu bon marché ; Et fur tout il ne
manquoit pas de dire qu'il auoit veu
vn homme fort bien fait en offrir autant que luy en fa prefence. Ces
importunes reflections dont il laffa
tout le iour la patience d'vn chacun,
firent qu'on fe refolut de luy faire
ofter fon manteau dés le foir mefme,
afin d'auoir le plaifir de voir auec
quelle force d'efprit, il fupporteroit
la perte de ce bien-aimé. Pour ce
deffein , comme il s'en retournoit
chez luy fort tard, on mit dans vn
coing de ruë par où il deuoit paffer,

vne lanterne auec vn papier tout proche, où estoit escrit en grosse lettre, *Rens le manteau ou tu es mort.* La poltronnerie du Poëte estoit si connuë qu'on sçauoit bien que quelque amour qu'il luy portast, il ne laisseroit pas de le quitter, aussi-tost qu'il auroit leu ce billet. Aussi n'y manqua-t'il pas, & dés qu'vn de ses amis qui s'en retournoit auec luy, & qui estoit de l'intrigue, eut ramassé le papier, il osta brauement son manteau de dessus ses espaules, & le couchant auprés de la lanterne; Quelque sot, dit-il, aimeroit mieux vn manteau que sa vie. Son amy à dessein de l'esprouuer, luy dit que pour luy il n'estoit pas resolu de laisser ainsi le sien à si bon marché. Desjardins ne l'entendit pas seulement; car dés qu'il auoit eu posé son manteau, il s'estoit mis à fuyr de si bonne sorte qu'il estoit desia bien loing. Ie ne vous entretiendray point

des lamentations qu'il fit sur sa mau_
uaise auanture, lors qu'il fut chez
luy, & que la seureté où il se vit luy
permit de faire reflection sur la perte qu'il venoit de faire. Tous ceux
qui estoient du complot ne manque_
rent pas de le venir voir aussi-tost,
disant qu'ils venoient d'apprendre
le danger qu'il auoit couru. Mais
toutes leurs consolations furent inu-
tilles, & il n'y eut que la restitution
qu'ils luy firent de son manteau, capable d'appaiser son affliction. Fai_
sant tant d'estat de ce bel accoustre-
ment, ie vous laisse à penser s'il estoit
homme à le profaner, & pour met_
tre à tous les iours ce beau fruict d'v_
ne diette qui auoit plus duré que
celle de Ratisbonne. Que pouuoit_
il donc faire ? car d'auoir vn autre
manteau, il n'en auoit pas le moyen,
& il ne se pouuoit aussi resoudre à
porter celuy-cy ordinairement. Il
trouua vn autre expedient qui fut

de ne baftir fa pane qu'à grands
points à fon manteau, de forte qu'il
luy eftoit facile de la mettre, & de
l'ofter quand il luy en prenoit fan-
taifie. Pour fes canons de treillis il
s'aduifa de les paffer dans fes bras,
pour conferuer fes coudes, & luy
feruir de garde-manches.

Ah ! vrayment, interrompit Louuot, c'eftoit donc bien le moins que
ie puffe faire que de luy payer fon
fil, & la peine qu'il auoit prife à fe
deboter & fe harnacher defa pane;
car j'oubliois à vous dire que ie l'ay
tantoft penfé mefconnoiftre, tant il
eftoit braue, au prix de ce que ie le
venois de voir à la Greue. Vous ne
luy deuiez pas beaucoup pour cela,
reprit fon amy, car ne vous imaginez
pas qu'il change de fil, quand il la
defcouft : Il ne manque iamais à le
ferrer pour la prochaine fois.

Auec tout fon bon mefnage neât-
moins il ne fe peut empefcher de de-

uoir quatre ou cinq termes à son hostesse. Iugez si c'estoit vne debte biē
asseurée. Il connoissoit ce Mormon
dont nous auons tantost parlé, par le
moyen duquel il se tira de ce fal-
cheux pas. Voyant que sa blanchisseuse refusoit de luy faire credit plus
long-temps, & ne vouloit pas pourtant laisser sortir ses meubles, qui
consistoient en vn meschant lict, vn
escabeau à trois pieds, vn vieux cof-
fre, & la moitié d'vn peigne, il les fit
saisir par ce Mormon, comme plus
ancien creancier, de sorte que la pauure hostesse qui n'auoit pas bien con-
sulté son Procureur, se resolut à luy
faire credit. Il en affronta encore
plusieurs autres de diuerses façons,
& se decredita en fin de telle sorte,
qu'on luy a souuent entendu dire,
que bien que Paris soit tres-grand,
il estoit pourtant fort petit pour luy,
n'y ayant plus que trois ou quatre
ruës par où il osast passer.

Il tâcha neanmoins de remedier à
cette horrible pauureté par d'aſſez
plaiſants trafics. Vn iour n'ayant
point dequoy manger, il alla ſur le
Pont-neuf à vn Charlatan auec qui
il fit marché pour dix ſols de ſe laiſſer arracher d'eux dents, & de pro-
teſter tout haut aux aſſiſtans qu'il
n'auoit ſenty aucun mal. L'heure
dont ils auoient conuenu enſemble
eſtant donc venuë, Desjardins ne
manqua pas ainſi qu'ils auoiêt arre-
ſté de venir trouuer ſon hôme, qu'il
rencontra au bout du Pont-neuf qui
regarde la ruë Dauphine , diuertiſ-
ſant les Laquais & les Badauts, par
ſes huées, ſes tours de paſſe-paſſe,
& ſes grimaces. Il tenoit vn verre
plein d'eau d'vne main, & de lau-
tre vn petit papier qui auoit la vertu
de teindre l'eau en rouge. Hor ça
Cormier, ſe diſoit ce Charlatan en
s'interrogeant, & ſe reſpondant luy
meſme ; Qu'eſt-ce que tu veux faire
de

de ce verre, & de cette yeau ? Hé !
Ie veux changer cette yeau en vin
pour donner du diuertiſſement à ces
Meſſieurs. Hé! comment eſt-ce que
tu changeras cette yeau en vin pour
donner du diuertiſſement à ces
Meſſieurs ? Hé ! en y mettant de
cette poudre dedans. Mais en y
mettant de cette poudre dedans, ſi tu
changes cette yeau en vin , il faut
donc bien qu'il y ayt là de la magie?
Il n'y a point de magie. Il n'y a point
de magie ? Il y a donc de la ſorcellerie ? Il n'y a point de ſorcellerie.
Non ? Non. Il y a donc de l'enchanterie ? Il n'y a point d'enchanterie.
Non Meſſieurs, il n'y a ny magie,
ny ſorcellerie, ny enchanterie, ny
guianterie, mais il eſt bien vray qu'il
y a vn peu de guiablerie ; guian vela
le mot.

Le Coquin n'eut pas pluroſt
acheué ces paroles, qu'il s'eſleua vn
grand éſclat de rire par toute la ba-

I

dauderie, comme s'il euſt dit la
meilleure choſe du monde. Pour
luy, aprés auoir long-temps ry auec
les autres, il reprit ainſi ſa harangue.
Mais me dira quelqu'vn : Viença
Cormier ; Ie ſçay bien que tu es bon
frere ; Tu as la mine de ne te point
coucher ſans ſouper ; Tu ne mange
point de chandelle : Mais à quoy
ſert ça de changer ton yeau en vin?
Elle n'en a ſpeüt-il faire pas le gouſt.
Non Meſſieurs, elle n'en a pas le
gouſt. A quoy ſert ça de mentir? Ie
ne ſuis ny Charlatan ny Larron. Ie
ſuis Cormier à voſtre ſeruice &
commandement. Ardé vela ma
Boutique. N'y a ſi petit, ne ſi grand
qui ne vous l'enſeigne. Il y a trente ans Guieu marcy que ie demeurós
dans le carquier. Il dit tout cecy
en oſtant ſon chapeau, puis en le re-
mettant ; Mais à quoy ça ſert-il
donc, pourſuiuit-il, de changer cette yeau en vin, ſi elle n'en a pas le

goust ? A quoy ça fert ? O ! voicy à
quoy ça fert. Vous vous en allez vn
Dimanche par magniere de dire
aprés la grandeMeſſe,dans vne tauar-
ne.Hola, Madame de cians , y a-t'il
moyen de boire vn coup de bon vin?
Ouy da, Meſſieurs. A quel prix vous
en plaiſt-il? à ſix, ou à huict? Là deſſus , donnez-nous en , ce faites-vous,
à ſix, ou à huict ſols , tant du pus que
du moins. Pierre allez tirer du vin
à ces Meſſieurs , tout du meilleur.
Viſte, qu'on ſe deſpeſche. Vela qui
va bien. Vous vous mettez à table;
vous mangez vne crouſte: vous dires
à la Maiſtreſſe:Madame de cians,fai-
tes nous dõner vn ſçiau d'yeau pour
nous rafraiſchir, car auſſi bien vela
vn homme qui ne boit que du vin de
la fontaine. Dame là deſſus, quand
on vous a apporté du vin, vous le
beuuez , & quand vous l'auez beu,
vous rempliſſez la pinte de voſtre
yau , & pis vous dires au garçon,

Quel fils de putain eſt-ça? il nous a
donné du vin pouſſé. Va-t'en nous
querir d'autre vin. Meſſieurs c'eſt
tout du meilleur. Quel bougre eſt-
ça? ie te barray ſur ta mouffle. Ie
t'enuoyeray voir là dedans ſi i'y ſis.
T'un'es pas encore reuenu? Là deſſus,
le pauure guiable ayant regardé dans
ſon pot, & le voyant plein, emporte
ſon yau, & vous raporte en lieu de
bon vin. Dame ie vous laiſſe à penſer s'il eſt de la confrairie de S. Prix.

　Le Charlatan ayant ainſi expli-
qué l'vtilité de ſa poudre, on croyoit
qu'il en alloit faire l'experience,
quand il changea tout d'vn coup de
diſcours, pour tenir touſiours ſon
monde d'autant plus en haleine, &
ſe mit à faire vne longue digreſſion
ſur l'experience qu'il apoit acquiſe
par ſes voyages, tant par la France
qu'autre part, à tirer les dents ſans
faire aucune douleur. Il n'eut pas
pluſtoſt acheué la parole, qu'on oüit

fortir du milieu de la foule la voix
d'vn homme qui difoit : Par Dieu ie
voudrois qu'il m'euft coufté dix pi-
ftoles , & que ce qu'il dit fuft vray.
Il y a plus d'vn mois que ie ne dors
ny nuict ny iour, non plus qu'vne ame
damnée. Cette voix eftoit celle du
Poëte qui prenoit cette occafion de
paroiftre, ainfi qu'il auoit efté accordé entr'eux. Le Charlatan luy dit
qu'il falloit donc qu'il euft quelque
dent gaftée , & qu'il s'approchaft;
Et pource que Desjardins feignoit
d'en faire quelque difficulté; Appro-
chez , vous dis-je , reïtera le fin'ma-
tois. Noftre veuë ne vous couftera
rié. Ie ne fommes pas fi guiables que
ie fómes noirs. S'il n'y a point de mal.
ie n'y en mettrons pas. Noftre petit
homme s'auança donc, & l'autre luy
ayant fait ouurir la bouche , & luy
ayant long-temps farfoüillé dedans,
luy dit, qu'il ne s'eftonnoit pas s'il
ne pouuoit dormir; qu'il auoit deux

I iij

dents gaſtées ; & que s'il n'y prenoit
garde de bonne heure, il couroit fortune de les perdre toutes. Apres pluſieurs autres ceremonies que ie paſ-
ſeray ſous ſilence, Desjardins le pria
de les luy arracher. Mais quand ce
fut tout de bon, & que des paroles
on en fut venu à l'execution ; Quelque propos qu'il euſt fait de gaigner
ſes dix ſols de bonne grace, la douleur qu'il ſentoit eſtoit ſi forte, quelle luy faiſoit à tous momens oublier
ſa reſolution. Il ſe roidiſſoit contre
ſon Charlatan ; il s'eſcrioit ; & ſi il
proteſtoit en meſme temps, qu'il n'a-
uoit rien ſenty. Aye : aye : s'eſcrioit il
reculant la teſte en arriere ; puis quãd
l'autre auoit eſté contraint de le laſ-
cher ; Ouf ! continuoit-il, portant la
main à ſa joüe, & crachant le ſang ;
ouf ! il ne m'a point fait de mal. C'e-
ſtoit donc vn ſpectacle aſſez extraordinaire de voir vn homme les lar-
mes aux yeux, vomiſſant le ſang par

la bouche, s'escriant comme vn per-
du, protester neantmoints en mesme
temps, que celuy qui le mettoit en
cét estat, & le faisoit plaindre de la
sorte, ne luy faisoit aucune douleur.
Aussi quoy qu'il en dist, y auoit-il si
peu d'apparence, que le Charlatan
luy-mesme au lieu de deux dents
qu'il auoit mises en son marché, ne
luy en voulut arracher qu'vne. Il ne
faut pas demander si le Poëte fut aise de s'en voir quitte à si bon com-
pte. Mais ce fut bien à deschanter
quand estant allé le soir chez son
homme pour toucher son salaire,
l'autre le luy refusa; alleguant qu'il
auoit tant crié, qu'il luy auoit plus
nuy que seruy; qu'il ne luy auoit rien
promis qu'à condition qu'il souffri-
roit sans se plaindre qu'on luy ostast
deux dents, & qu'il n'auoit pas osé
les luy arracher, de peur que par ses
cris il ne le deschalandast pour iamais. Il ne faut pas demander s'il y

eut là deffus vne grande querelle
entre ces deux celebres perſonna-
ges. Le Poëte faute d'autres armes
a recours aux iniures; & pour taſcher d'attirer quelqu'vn en ſa faueur,
ſe plaint que l'autre luy a arraché vne
genſiue, & appelle le Charlatan,
bourrreau. Celuy-cy s'en mocque,
& dit en riant qu'il a de bons teſmoins qui luy ont entendu dire à
luy-meſme, qu'il ne luy auoit fait
aucun mal. Ie paſſois par hazard par
là, lors que cette plaiſante repartie fut faite au pauure Desjardins,
que ie deſcouuris malgré ſa petiteſſe,
au milieu de plus de cent perſonnes
qui l'entouroient. Ie demanday ce
qu'il y auoit, & l'on m'apprit tout
ce que ie vous viens de dire. Ie vous
aduoüe que cette auanture toute
plaiſante qu'elle eſt, ne laiſſa pas de
m'attendrir & de me donner de la
compaſſion; & iugeant qu'vn homme qui vendoit ſes dents pour auoir

dequoy manger, deuoit estre en
vne estrange necessité, ie tiray mon
Poëte de la foule, & le menay souper chez moy. Ie ne sçay pas comment il s'en fust acquitté, s'il eust eu
toutes ses dents : Mais ie vous iure
qu'à le voir bauffrer ie n'eusse iamais
deuiné qu'il en eust manqué d'vne
seule; & qu'il me fit bien rabaisser de
l'estime que i'auois pour le miracle
de Samson, qui deffit tant d'ennemis
auec la maschoire d'vn asne, faisant
trois fois plus d'execution auec vne
maschoire moindre pour le moins
trois fois. Apres le souper ie ne pus
m'empescher de luy lascher quelque
petit trait de raillerie sur son auātu-
re passée: Mais tournant subtilement
la chose en galanterie; Ie croy bien,
me dit-il : N'ay ie pas eu raison de
m'en deffaire ? Elles n'estoient bonnes qu'à me faire de la despence, &
vouloient tousiours manger. Cette
response me surprit : Mais il m'en

fit vne autre quelques iours aprés, qui pour n'eſtre pas ſi aigüe ny ſi plaiſante, ne laiſſe pas à mon aduis d'eſtr auſſi adroitte.

Contraint comme l'autre fois par la neceſſité, il alla encore ſur le Pont-neuf chanter quelques chanſons qu'il auoit faites. Il eſperoit de n'eſtre pas reconnu, pource qu'il s'eſtoit deſguiſé du mieux qui luy auoit eſté poſſible : Mais la choſe eſtoit allée contre ſa penſée, & l'ayant encore reconnu en paſſant par là, il eut bien l'adreſſe lors que ie l'en penſay gauſſer de me dire froidement; Par Dieu, cinquante piſtoles ſont bonnes à gagner ; pour me faire croire que ce qu'il en auoit fait n'auoit eſté que par gageure.

Ce ſont les moyens par leſquels Desjardins tâchoit à ſubſiſter. Neātmoins pource qu'il ne pouuoit pas fournir de dents autant qu'il luy en euſt fallu tous les iours, ie dis quand

mefme on les luy auroit payées; voicy encore vne autre inuention dont
il s'aduifa. Comme fa veine n'eftoit
pas des plus fertiles, ny de celles qui
portent de l'or, il faifoit faire des vers
par quelqu'autre, qu'il vendoit fous-
main à fon Libraire, & l'autre auoit
pour foy le gain de la dedicace, dont
il ne manquoit pas de faire part à
Desjardins pour le bon office qu'il
croyoit qu'il luy euft rendu en faifant
imprimer fa piece. Vous me deman-
derez comme il eft poffible que des
Libraires vouluffent donner vn feul
tefton d'vn fi miferable trauail. Voicy l'artifice dont il vfoit pour les attraper. Quelques iours auant que de
leur parler de ce qu'il defiroit mettre
fous la preffe, il enuoyoit tous fes
amis au Palais s'enquerir à tous les
Libraires, s'ils n'auoient pas vn tel
ouurage de Monfieur vn tel. Ceux-
cy voyant tant de gens venir demander fon liure, croyoient qu'indubita-

blemét ce deuoir eftre quelque chofe de bon ; de forte qu'au commencement il en tiroit d'affez bonnes
fommes. Mais enfin ils découurirent
la trame, & le firent mettre vne fois
en prifon, pource qu'il leur auoit vendu à cinq ou fix, vn mefme ouurage
fous different titre, qu'il auoit auffi
dedié à diuerfes perfonnes pour en
tirer plus d'argent.

Vous voyez quelle forte de vie
ce petit homme mene, & combien
d'affronts il eft fujet à receuoir, iuf-
que-là que les petits enfans luy font
tourner fon chapeau fur la tefte, &
luy donnent des coups d'efpingles
dans les feffes, toutes les fois qu'ils
le rencontrent en vn certain lieu
nommé l'Oruietan, où il ne manque iamais de les aller chercher pour
vn fujet que ie ne veux pas dire ; &
qu'ils le reconduifirent vne autrefois à coups de pierres, du Terrain de
Noftre-Dame, où il va auffi tous

les soirs de l'Esté pour le mesme dessein, iusqu'au logis d'vn Chanoine
de condition, où il se sauua. Auec
tout cela neanmoins, vous deuez
sçauoir qu'il n'y eut iamais de vanité
pareille à celle de ce petit personnage, & qu'il ne croyt pas qu'il y ayt
au monde d'esprit comparable au
sien. Il est si friand de loüange que
luy ayant refusé des vers qu'il m'a-
uoit demandez pour mettre au deuant de l'vn de ses ouurages, il a bien
eu l'impudence d'en composer qu'il
y a appliquez sous mon nom ; & que
Messieurs ** & *** luy en ayant
donné d'autres où il ne se trouuoit
pas assez loüé à sa fantaisie, il les
changea, & gasta tous pour y mettre
plus d'Eloges. C'est tout ce que ie
vous apprendray de Desjardins,
dont ie ne feray pas l'histoire plus
longue, m'imaginant qu'elle l'est
assez pour vous auoir beaucoup en-
nuyé.

L'Hiſtorien du Poëte n'eut pas
plutoſt prononcé cecy, que Louuot prit la parole pour l'aſſeurer
qu'au contraire il y auoit pris beaucoup de ſatisfaction. Ils ſe mirent en
ſuitte à faire diuerſes reflections ſur
ce petit perſonnage; Et pource que
l'hiſtorien dit qu'il falloit que ce
fuſt vne ame bien baſſe de ſe meſler
ainſi d'vne choſe où il n'entendoit
rien; (ils parloient de ſa Poëſie;)
Tant s'en faut, repliqua Louuot, ie
trouue pour moy que ce doit eſtre
vn habile homme d'auoir trouué
moyen de viure d'vn Meſtier qu'il
ne ſçait pas. En effet, repartit l'hiſtorien auec vn ſouris que cette reſ-
ponce attira ſur ſes levres, ſi Diogene, eut raiſon voyant qu'on ſe gauſ-
ſoit d'vn miſerable Muſicien, de le
loüer bien fort de ce qu'entendant ſi
mal ſon Meſtier, il ne s'eſtoit point
mis à celuy de voleur; ne peut-on
pas dire auſſi que Desjardins ne pent

receuoir trop de loüange , de ce que
gaignant si peu dans sa profession , &
y reüssissant si mal, il a eu neanmoins
la constance d'y perseuerer iusques
à la fin, sans qu'il luy ayt iamais pris
enuie de se faire pendre par vne mauuaise action. Voulez vous que ie
vous die, reprit Louuot: Ma foy mo-
quons-nous de luy tant qu'il nous
plaira, si n'en peut-il si peu sçauoir
qu'il n'en sçache autant que la plus
part de ceux de sa profession qui pas-
sent pour les plus habiles. Que dites vous ? respondit l'historien , & à
quoy pensez-vous ? La Poësie Fran-
çoise , n'est-elle pas aujourd'huy en
vn tel point, qu'il ne s'y peut rien
adjouster ? Et le Poëme Dramatique entr'autres ne s'est-il pas esleué
à vn tel degré de perfection , que du
consentement de tout le monde, il
ne sçauroit monter plus haut. Se
peut-il rien voir de plus beau que le
sont la Mariamne, l'Alcionée, l'He-

raclius, les Visionaires ? Adioustez
dit Louuot & que le seront l'Agripi-
ne, & l'Arsace quand leurs autheurs
y auront mis la derniere main, &
qu'ils se seront resolus de les donner
aux prieres de leurs amis. Aussi ne
condamnay-ie pas toutes les pieces
de theatre, ny tous les Poëtes : Et
ie vous aduoüeray mesme si vous le
voulez, que ie ne crois pas que depuis qu'il y a des vers, & des Poëtes,
il y ayt iamais rien eu pour ce qui est
de la beauté de l'inuention, de comparable soit en Grec, Latin, ou
François, aux Visionaires que vous
venez de nommer. Mais tant y a que
comme vne goutte d'eau ne fait pas
la Mer, vous ne pouuez pas conclure
que pour vne piece peut-estre que
nous auons euë exempte des deffauts
des autres, nostre Poësie soit en vn
si haut point de perfection que vous
la mettez. Car ie vous prie, le Poëme Dramatique n'estant qu'vne pure,

re , vraye, & naïfue image de la fo-
cieté ciuile, n'eſt-il pas vray que la
vray ſemblance n'y peut eſtre cho-
quée le moins du monde, ſans com-
mettre vne faute eſſentielle contre
l'art ? Les Poëtes meſmes tombent
d'accord de cecy, puis qu'ils ne nous
chantent autre choſe pour authori-
ſer leur vnité de Scene, & de Lieu :
Et pourtāt où m'en trouuerés-vous,
ie dis de ceux meſme que vous m'ap-
portez pour modeles, qui ne l'ayent
violée vne infinité de fois dans leurs
plus excellens ouurages? Montrez-
moy vne piece exempte de Solilo-
ques. Cependant y a t'il rien de
plus ridicule, & de moins probable,
que de voir vn homme ſe parler luy
ſeul tout haut vn gros quart-d'heure? Cela nous arriue t'il iamais
quand nous ſom mes en noſtre particulier? ie dis dans le plus fort de nos
paſſions les plus violentes. Nous
pouſſerons bien quelquefois quel-

que soupir, nous ferons bien vn iu_
rement : Mais de parler long-temps,
de resoudre nos desseins les plus im_
portants en criant à pleine teste, iamais. Pour moy ie sçay bon gré à
vn de mes amis qui faisant ainsi par_
ler Alexandre auec luy-mesme, dans
vne piece Burlesque ; fait dire en
mesme temps par vn autre Acteur
qui le surprend en cette belle occu_
pation; Helas ! Vous ne sçauez pas,
Alexandre est deuenu fou. Hé !
comment cela ? respond vn autre.
Hé ! me voyez vous pas, reprent le
premier, que le voila qui parle tout
seul ? Ce n'est pas la neantmoins le
plus grand de leurs deffauts. En
voicy encore vn autre aussi insupor-
rable à mon gré. Vous y verrez vne
personne parler à son bras & à sa passion, comme s'ils estoient capables
de l'entendre. Courage mon bras :
Tout-beau ma passion. Mettons la
main sur la conscience; Nous arriue-

t'il iamais d'apoftropher. ainſi les
parties de noſtre corps? Quand vous
auez quelque grand deſſein en reſte,
quand vous vous deuez battre en
duël, faites-vous ainſi vne belle ex_
hortation à voſtre bras pour l'y re_
ſoudre? Diſons nous iamais, *Pleurez,*
pleurez mes yeux ; non plus que, *Mou-*
chez, mouchez vous mon nez. Ca coura-
ge mes pieds, allons nous-en au Faux-
bourg ſainƈt Germain. Vous me direz
que c'eſt vne figure de Rhetorique
qui a eſté pratiquée de tous les anciens. Ie vous reſpons qu'elle n'en
eſt pas moins ridicule pour eſtre
vieille ; que ce n'eſt pas la premiere
fois que l'on a fait du viƈe vertu ;
qu'il n'y a point d'authorité qui
puiſſe iuſtifier ce qui choque le iugement & la vray-ſemblance ; &
qu'enfin les anciens ont failly en cecy ; comme ils ont manqué quand
ils ont fait durer des ſujets d'vne
piece pluſieurs mois, & qu'ils nob-

seruoient ny vnité de lieu , ny de
Scene. Qu'on ne me pense donc
point payer d'authorité : Il n'y a vice
ny deffaut que ie ne iustifie , s'il ne
faut pour cela que le trouuer dans vn
ancien autheur. Il n'y a point d'*Age
animé* dans Seneque, qui puisse rendre bon, *courage mon ame*, en françois.

C'est encore vne bonne sotise que
ces sentimens qu'ils appellent cachez. Ils nomment sentiment caché,
ce qu'vn personnage prononce sur
le Theatre, seulement pour esclaircir
l'auditeur de ce qu'il pense, en sorte
que les autres acteurs auec qui il
parle n'en entendent rien. Par exemple dans le Belissaire, piece dont ie
fais d'ailleurs beaucoup d'estat, &
dont i'estime l'Autheur, lors que
Leonce le veut tüer, ce dernier apres
luy auoir fait vn grand conte que
Belissaire à fort bien entendu, s'é-
crie,

Lâche que tardes-tu, *l'occasion est belle* ? Dans le Telephonte, Tindare dit à son riual qui veut espouser sa Maistresse; *Traistre ie t'arracheray plustost l'ame*, ou quelque chose de semblable ; puis il poursuit comme si de rien n'estoit, & l'autre n'y prend pas garde le moins du monde. Or ie dis qu'il n'y a rien de plus ridicule que cette sorte de sentiments cachez, pource qu'il n'est nullement probable, que Leonce par exemple qui vouloit tüer Belissaire fust si sot dans vne occasion comme celle-là, que de dire tout haut, à moins que de faire son coup à mesme temps ; *Lâche que tardes-tu l'occasion est belle*? C'estoit pour se faire descouurir. En second lieu quand il seroit assez fou, ie demande pourquoy Belissaire qui a si bien entendu tout ce qu'il luy a dit iusqu'icy, & qui entendra fort bien tout ce qu'il luy dira apres, n'entend point ce vers icy,

aussi bien que les autres. Ces sentiments cachez dites-vous, sont neces-
saires pour instruire l'auditeur: Mais
si l'auditeur les oyt bien du Parterre
ou des loges, comment Belissaire
qui est sur le Theatre auec Leonce
ne les entend il pas? Qu'est-ce qui le
rend si sourd à point nommé? Y-a t'il
là aucune probabilité? Il y en a si
peu que ce n'est pas la premiere fois
que cette sorte d'impertinence leur
a esté reprochée. Aussi ayant dessein de ne leur porter que des botes
nouuelles, c'est à dire de ne leur rien
reprocher qui leur ait desia esté ob-
jecté, pource qu'autrement cette
matiere s'estendroit à l'infini, i'aduouë que i'ay tort de m'arrester à
vne chanson qui leur a esté si souuent rebatuë.

Voulez-vous rien de plus ridicule
que leurs fins de pieces qui se ter-
minent tousiours par vne reconnois-
sance, le Heros, ou l'Heroïne, ne

manquant iamais d'auoir vn cœur,
vne fléche, ou quelque autre marque
empreinte naturellemét sur le corps.

Y a-t'il rien de plus sot que ces
gräds Badauts d'amoureux qui ne fót
que pleurer pour vne vetille, & à qui
les mains demangent si fort qu'ils
ne parlent que de mourir, & de se
tuer. Ils se donnent bien de garde
d'en rien faire cependant, quelque
enuie qu'ils en tesmoignent; Et s'il
n'y a personne sur le Theatre pour
les en empescher, ils se donneront
bien la patience de prononcer vne
cinquantaine de Vers, en attendant
que quelqu'vn furuienne qui les sai-
sisse par derriere, & leur oste leur poignard. Vous les verrez mesme quelquefois si agreables, qu'au moindre
bruit qu'ils entendront, ils vous re-
mettront froidement leur dague
dans le fourreau, quelque dessein de
mourir qu'ils eussent montré, don-
nant pour toute excuse, vn *Mais quel-*

qu'vn vient. Au lieu de dire cela, que ne se tuoient-ils s'ils en auoient si grande enuie? Vn coup est bien tost donné. Toutefois que voulez-vous? Les pauures gens auroient trop de honte de faire vne si mauuaise action deuant le monde; Et puis tousiours ont-ils bonne raison, car il y a bien moins de mal à dire vne sottise, qu'à se tuer. Ils sçauent bien que ce qu'ils en font, ce n'est pas tout de bon, ce n'est que par semblant: Ils se souuiennent qu'ils ont encore des Vers à dire, & que quelque malheur qui les accable, ils doiuent bien tost estre heureux, & mariez au dernier acte; Et ils sçauent trop-bien, qu'vne des principales regles du theatre, c'est de ne pas ensanglanter la Scene. Que diroit leur maistresse s'ils auoient esté si hardis que de sortir de la vie sans leur congé? Elle est maistresse de toutes leurs actions, elle le doit donc estre de leur mort, car c'est agir

que de mourir. Il faut luy aller dire
le dernier à Dieu ; & la prier de les
tuer de sa main. Le coup en sera bien
plus doux. Vn coup d'espée qui part
du bras d'vne maistresse ne fait que
chatoüiller. Mais elle n'a garde de
rendre vn si bon office à vn homme
qui a esté si insolent, si temeraire, si
outrecuidé que de l'aimer. Il faut
qu'il viue pour sa peine. Il voudroit
bien la mort ; mais ce n'est pas pour
son nez ; car ce seroit la fin de ses pei-
nes, & l'on n'est pas encore reconcilié. Voilà donc vn pauure amant
en vn pitoyable estat. Neantmoins
il n'y sera pas long-temps. Chimene
luy va dire, *qu'elle ne le hayt point.*
Apres cela qui a-t'il qu'il ne surmon-
te ? Quels perils qu'il n'affronte ?
Paroissez Nauarrois, Mores, & Ca-
stillans, & toût ce que l'Espagne a nour-
ry de vaillans ; Paroissez Dom Sanche : Il
vous en va donner ; Il se mocque des
boulets de canon, car Chimene ne

le haït point, & luy a dit qu'elle seroit le prix de son combat. Par vostre foy, ne sont-ce pas là d'estranges
consequences? Toutefois pourquoy
s'estonner s'ils raisonnent autrement que les autres hommes , puis
qu'ils ont le don de prophetie, & que
la Diuination au dire des Peres mesme, est vne alienation d'esprit, ou vn
emportement de l'ame hors de ses
bornes ordinaires, aussi bien que la
manie. Il ne vient personne sur le
theatre dont ils ne predisent l'abord,
& dont ils n'ayent dit, *Mais voycy
vn tel*, auant qu'il ait commencé de
paroistre; Et ne voyons-nous pas, que
depuis la Mariamne , où cét artifice
ne laissoit pas d'estre beau , pource
qu'il estoit nouueau , il ne leur arriue pas le moindre malheur, qu'ils ne
predisent par quelque songe funeste?
Le cœur le leur auoit bien dit: Ils
sentent tousiours ie ne sçay quoy là
dedans, qui leur presage tout ce qui

leur doit arriuer. Mais à propos de
deuiner, n'eft-ce pas encore vne chofe bien ridicule que leurs Oracles
qu'ils prennent tant de peine à faire
reüffir? Tous les gens d'efprit fçauent
que ces Oracles n'ont efté que des
fourberies des Preftres des Anciens,
qui tafchoient de mettre par là leurs
Temples en vogue ; Et que s'ils reüf-
fiffoient quelquefois, ce n'eftoit que
par hazard, pour ce que difant tant
de chofes il eftoit impoffible qu'ils
n'en proferaffent quelqu'vne de veritable, comme vn aueugle deco-
chant vn grand nombre de fléches
peut donner dans le but par cas for-
tuit. Il n'y a donc point d'apparence de rédre ces Oracles fi veritables;
Et vn autre de mes amis a bien meilleure raifon, dans le deffein qu'il a,
de mettre veritablement vn Oracle
dans vn tres-beau Roman qu'il com-
pofe ; mais à deffein feulement de
furprendre dauantage le Lecteur, en

faisant reüssir sa cataftrophe tout au
rebours de ce qu'auoit predit l'O-
racle.

Louuot proferoit cecy d'vn fil fi
continu, qu'il fembloit s'eftre prepa-
ré fur cette matiere, & il auoit encore bien d'autres chofes à debiter,
lorfque fon amy l'interrompât; Cette façon de furprendre le Lecteur,
luy dit-il, me fait fouuenir d'vne
autre dont ie me fuis feruy dans vne
efpece de Roman Burlefque, pour
railler & fuiure tout enfemble, la loy
de nos Romaniftes, & contenter
auffi le Peuple, qui-veulent que cette
forte de liures debute toufiours par
quelque auanture furprenante. Ie
commence le mien ainfi. *Il eftoit*
trois heures aprés midy, lors qu'on vid,
où que l'on pût voir à Roüen dans la
Riuiere, vn homme couronné de joncs,
& fait en quelque façon de la mefme
forte, que les Poëtes & les peintres,

nous representent leurs Dieux Marins,
s'esleuer & sortir du fons de l'eau. Ne
voyla pas vn superbe spectacle, &
qui tient fort l'esprit en suspens?
Aussi ne manquay-ie pas de l'em-
broüiller de beaucoup d'intrigues,
selon la coustume, auant que d'en
descourir la cause; puis comme l'on
meurt d'enuie de la sçauoir, il se
trouue enfin que ce Neptune qui a
percé les Ondes en vn si superbe appareil, n'est qu'vn Escollier qui se
baignoit, & qui s'estant fait vn peu
auparauant cette courone de quelques joncs & l'ayant attachée à sa
teste, venoit de se plonger par plaisir. Pour ce qui est de l'vnité de
Scene ou de lieu, que depuis la Cas-
sandre ils veulent tous faire garder
dans les Romans, aussi bien que
dans les Comedies, ie l'obserue d'v-
ne assez plaisante façon. Ie fais
faire tout le tour du monde dans vn
Nauire à mon principal personnage,

desorté que suiuant la diffinition
qu'Ariftote donne du lieu, *Locus eft*
fuperficies corporis ambientis, il fe trouue que n'ayant point forty de fon
vaiffeau, il n'a par confequent point
changé de lieu. Et pource que c'eft
vn tres-méchant homme, & qui a
fait de tres-mauuaifes actions pendant toute mon Hiftoire, & que par
leurs regles ils veulét que le vice foit
toufiours puny à la fin, comme la
vertu recompenfée : au lieu que
les autres font marier leurs Heros à
leurs Heroïnes, en recompence de
leurs illuftres exploits, ie punis le
mien en luy faifant efpoufer fa maiftreffe, allegant là deffus qu'apres
auoir bien réué au genre de fon fu-
plice, ie n'ay pas crû luy pouuoir
donner de plus rude peine qu'vne
femme. Ces artifices font tres-agrea-
bles, refpondit Louuot. C'eft vne
bagatelle, repliqua l'amy pour faire
le modefte, vne fadaife dont vous

pouuez bien penfer que ie ne pre-
tens pas tirer beaucoup de gloire,
puis que ce n'eft qu'vne hiftoire comique. Comment, puis que ce n'eft
qu'vne hiftoire comique? reprit Louuot. Hé! croyez-vou· en bonne foy
que le Dom Quichot, & le Berger
Extrauagant, les Vifionaires, la Gi-
gantomachie, & le Pedant joüé, ayét
moins acquis de gloire à leurs autheurs que pourroient auoir fait les
ouurages les plus ferieux de la Phi-
lofophie? Non non (comme vn des
plus doctes hommes de ce fiecle, l'a
fort bien fçeu remarquer) l'homme
eftant efgalement bien deffiny par
ces deux attributs de rifible , & de
raifonnable , il n'y a pas moins de
gloire ny de difficulté à le faire rire
par methode, qu'à exercer cette fon-
ction de fon ame, qui le fait raifon-
ner. Auffi voyons nous que Ciceron
dans fes liures *de Oratore*, ne s'eft pas
moins eftendu fur le fujet *de Ridiculo*

que fur les autres parties d'vn Orateur, qui femblent plus releuées. Si
les Oeuures, & les Apophtegmes de
Mormon, par exemple.... On ne fçait
pas bien ce que Louuot vouloit dire icy, car fon amy l'interrompant;
Que voulez-vous dire d'Oeuures,
& d'Apophtegmes de Mormon? luy
dit-il. Eſt-il poffible, repartit Louuot, qu'en vous racontant la vie de
ce Parafite, i'aye oublié de vous faire part d'vn papier qu'on m'a donné
à la Greve, où ces chofes font con-
tenuës? L'amy dit qu'il n'en auoit
rien veu, & là deffus Louuot luy en
fit vne lecture, à laquelle il témoigna par mille foufris qu'il prenoit
beaucoup de plaifir. Il faut aduoüer,
s'efcria-t'il auffi-toft qu'elle fut
acheuée, que l'Hiftoire du Pointu
que vous m'auez racontée, & la vie
du Poëte que ie vous viens d'apprendre, ont quelque chofe d'aggreable:
Mais fi faut-il confeffer qu'elles
n'ont

n'ont rien d'approchant de celle de
Mormon. Pourquoy ? reprit Louuot ? Hé ! qu'y a-t'il dans ces deux
Hiſtoires , reſpondit l'autre , qui
approche ſoit des Commes , ſoit
des Liures & des Apophegmes de
celle-cy ? Parbleu s'eſcria Louuot,
en voyla d'vne bonne. N'y a-t'il pas
de beautez de pluſieurs formes ? De
brunes , comme de blondes ? Quoy
vous eſtes donc d'humeur à ne vouloir que d'vne ſeule ſorte de viande?
Ie m'attens pour moy que lorsqu'on
vous racontera les vies d'Alexandre & de Pompée , il ne faudra pas
laiſſer d'y mettre des noms de leurs
ouurages, quoy qu'ils n'en ayent iamais fait , pour vous les faire trouuer
belles ; Et qu'il ſera neceſſaire de
plus , que l'hiſtorien ayt touſiours
vn homme preſt pour l'interrompre,
affin de trouuer l'occaſion d'y mettre des Commes. Car ie gagerois
pour vous montrer comme ce n'eſt

L

que pure imagination, que pour ce qui est de vostre histoire du Poëte, vous ne la trouueriez pas moins belle, si ie vous l'auois Commée ; Et si au lieu du train suiuy & continu dont vous me l'auez raportée, ie vous disois à bastons rompus;

Comme Desjardins aprit à faire des vers à force de lire les ouurages de nos Poëtes François, qu'il rapportoit tous les iours du marché auec le beurre & le fromage, qu'il acheptoit pour le disner de son Maistre.

Comme afin de deuenir Poëte de Cour, il quitta l'Vniuersité pour le Faux-bourg S. Germain.

Comme au lieu de plume il escriuoit auec l'vn de ses ongles qu'il auoit laissé croistre à ce dessein.

Comme n'ayant pas le moyen d'achepter de la chandelle, il fit vn trou à la cloison de sa chambre, qui respondoit dans celle d'vne blanchisseuse.

Comme les Libraires du Palais le
firent mettre en prison , pour leur
auoir vendu à cinq où six vn mesme
ouurage sous differents tiltres, qu'il
dedia aussi à differentes personnes,
pour y gaigner d'auantage.

Comme il ne se chauffoit qu'à vn
tas de fumier, s'imaginant que comme la fumée des viandes repaist &
engraisse les Cuisiniers , celle de ce
fumier peurroit bien aussi rassasier sa
faim : Et Comme à force de se promener sur ce fumier il luy suruint vn
grand mal-heur, qui fut qu'vne paire de bouts qui auoit coustume de
luy seruir plus de quinze iours, ne
luy en duroit plus que douze.

Louuot n'eust pas manqué d'a-
cheuer de reduire en Commes l'Histoire du Poëte , ainsi qu'il l'auoit
commencée, si son amy ne l'eust encore interrompu en cét endroit. Hé
bien, luy dit il , voudriez vous sou-
stenir que ces particularitez de bouts

de souliers, que i'ay neanmoins esté
obligé de vous raporter, pource
qu'elles sont veritables, ne fussent
pas plustost basses qu'autrement? &
qu'elles eussent rien de comparable
à celles de l'Histoire de Mormon?
Ah! nous y voicy, respondit Louuot. Ma foy ie m'imagine que vous
estes de l'humeur de nos Poëtes, qui,
lors qu'ils ont quelque ouurage à
faire, cherchent dans vn Dictionaire
tous les gros mots, comme, Trosne,
Couronne, Diadesme, Palmes Idu-
mées, Cedres du Liban, Croissant
Hotoman, Aigle Romaine, Apo-
rheose, Naufrage, Ondes irritées,
& quantité d'autres belles paroles
semblables, dont ils vous massonent
aprés brauement leurs Sonnets &
leurs Odes, s'imaginant que cela
suffit pour rendre vne piéce excel-
lente, & que de tant de beaux ma-
teriaux, il ne peut resulter qu'vn
parfaittement bel edifice. Ainsi,

pource que vous croyez que ces mots extraordinaires font toute la bonté d'vn ouurage ; vous eftes perfuadé auffi , que ceux qui font plus communs ne fçauroient manquer de le gafter. Ce n'eft pas le mot que ie reprens, repartit l'amy, c'eft la chofe ; Car ne m'aduoüerez-vous pas que cette circonftance de bouts de fouliers eft tres baffe ? Noftre Pointu de tantoft ne manqueroit pas d'en tomber d'accord , puis qu'il s'agit du deffous des pieds, repliqua Louuot : Mais pour moy ie me donneray bien de garde de croire qu'vne chofe foit baffe, quand l'imagination en eft extraordinaire, & qu'elle reprefente bien l'objet que l'on veut depeindre. Par exemple ; Pofez le cas que voftre Hiftoire du Poëte ne fuft pas veritable , mais vn conte fait à plaifir. Ie maintiens qu'il n'y auroit pas moins eu d'efprit à trouuer cette particularité de bouts

de souliers, que beaucoup d'autres
qui ont vn plus beau nom ; pource
que celle-cy represente parfaittement bien les meurs, les desseins, &
la personne de celuy que l'on veut
descrire. Il s'agit d'vn Poëte crot-
té. Ne voudriez-vous point qu'on
luy fist donner des batailles ? Pour
fendre des demesurez Geans ius les
arçons ? Se precipiter dans la mer
pour sauuer par generosité vne Dame qui se noye ? & faire cent mille
autres bagatelles que vous desgui-
sez du nom de hauts euenements?
Ie ne veux point tout cela, reprit l'a-
my : Mais ie veux que si vn sujet n'est
pas capable de receuoir d'autres em-
belissements, que de circonstances
basses, & qui peuuent facilement
tomber dans la teste d'vn chacun,
on ne se donne point la peine de
nous en rompre la ceruelle. Cela
est bien, repliqua Louuot. Mais il
faut tomber d'accord de ce que nous

appellerons bas , & capable de
tomber dans la teste d'vn chacun.
Vne chose paroist quelquefois abje-
&te & facile à trouuer , quoy que
cependant il n'y ayt rien de plus
esleué , ny de mieux imaginé. C'est
l'adresse de l'Escriuain, de disposer si
bien son fait, qu'il semble qu'il n'y
ayt rien que d'absolument necessaire, & que par consequent tout autre
n'eust mis aussi bien que luy. Cependant les veaux qui ne reconnois-
sent pas cèt artifice, s'imaginent à
cause que la chose est naïfuement
representée, qu'il n'y a rien de plus
facile à trouuer. Quand Christophle
Colomb eut découuert l'Amerique,
quantité de sots & d'enuieux pen-
soient bien diminuer de sa gloire, en
disant ; Voila bien de quoy. Quoy
n'y auoit-il que cela à faire ? Qu'à
aller là ; Et puis là ; Et de la, là ; Et
puis encore là; Et de la, aborder là ?
Vrayment nous en eussions bien fait

autant. Colomb. pour se moquer
d'eux ; Il est vray qu'il n'y auoit que
cela à faire, Messieurs, leur dit-il :
Mais qui de vous fera bien tenir cét
œuf sur ce costé icy ? continua-t'il,
en leur en montrant la Pointe. Ils
se mirent tous incontinent à refuer,
& pas vn n'en pouuant venir about,
Colomb cogna doucement la Pointe de l'œuf contre la table, & la cas-
sant, fit ainsi tenir l'œuf dessus. Les
voyla tous à dire encore ; Quoy ! n'y
auoit-il que cela à faire ? Vrayment
nous en eussions bien fait autant.
Toutefois, respondit Colomb, pas
vn pourtant ne s'en est peu-auiser.
C'est tout comme cela que i'ay descouuert les Indes. Ce que disoit
Colomb de son voyage, se doit entendre de la plus part des belles choses. Quand nous les voyons faites,
nous n'apperceuons plus ce qui les
rendoit difficiles. Mais ie vois bien
ce qui vous tient. C'est qu'il vous

faut des Liures, & des Apophtegmes. Hé bien ! vous en aurez. Imagi-
nez-vous donc, pour trouuer voſtre
Hiſtoire du Poëte belle, qu'il à com-
poſé,

Vne inuectiue contre Chriſip-
pus, de ce qu'ayant fait vn ſi grand
nombre de liures, il n'en dedia iamais pas vn.

Commentaire ſur le paſſage de
Buſcon, où il eſt parlé des Cheua-
liers de l'induſtrie.

Tres-humbles actions de graces
de la part du Corps des Autheurs, à
Mõſieur de Rangouze, de ce qu'ayãt
fait vn gros Tome de lettres, & ſe
faiſant donner au moins dix piſtolles de chacun de ceux à qui elles
ſont adreſſées, il a trouué, & enſei-
gné l'vtile inuention, de gagner autant en vn ſeul Volume, qu'on auoit
accouſtumé iuſques icy de faire en
vne centaine.

Methode de faire de neceſſité vertu; ou; L'Art de se coucher sás souper.

Recherches curieuses sur le Prouerbe; *Vaut mieux vn tien , que deux tu l'auras.*

Le moyen de faire imprimer vtilement vn liure à ses despens, quand le Libraire n'en veut pas assez donner à son Autheur. Ensemble le Priuilege gratuit. Traitté tres-vtile à tous, tant Poëtes que faiseurs de Romans; ou par vne methode tres-facile & experimentée, est enseigné l'art de ne rien payer du Priuilege d'vn ouurage, en gagnant les bonnes graces d'vn Secretaire du Roy, & de quelqu'vn des domestiques de Monsieur le Chancelier , par quelque Sonnet à leur loüange.

Que les premiers Philosophes ont esté Poëtes.

Chansons nouuelles & recreatiues.

Le triomphe des Epigrammes, ou, Les Epigrammes triomphantes.

Le doute resolu, ou, La questiõ decidée, sçauoir, lequel vaut mieux à vn Autheur en payement d'vn Sonnet, d'vne Ode, ou d'vne Epiſtre dedicatoire meſme, de receuoir vn habit complet auec le manteau, ou dix piſtolles.

De la relation plus qu'accidentelle qui ſe trouue entre les mots de, Sommauille & de Courbé, & de, Courbe & de Sommauille, auec vn traitté particulier de Touſſainct Quinet.

La queſtion miſe hors de doute, sçauoir, ſi ſuppoſé que Quinet fuſt tout ſeul, il pourroit paſſer pour le plus honneſte homme des Libraires du Palais.

Des iours fauorables à l'Impreſſion.

Le ſtile desRequeſtes, ou; Methode de dreſſer vne Requeſte en Vers, pour demander vne penſion ou autre choſe : le tout authoriſé par plu-

sieurs exemples tirez des Ouurages
de Monsieur *** jadis ***.

Six Sonets mis sous six tableaux
presentez à la Vierge par le Corps
des Orfevres, dans l'Eglise de Nostre Dame à Paris, és années 1644.
1645. 1646. 1647. 1648. 1649.

Le May des Imprimeurs des années 1645. & 1649.

Questions memorables, où il est
traitté entre plusieurs autres recherches curieuses, du prix qu'Auguste
& Mecenas, donnoient à Horace
& Virgile, pour vne Epigramme, ou
vne Ode.

Le trebuchet des Sonnets, ou, Sçauoir ? si supposé que les pistolles ne
valussent que huict francs, le Sonnet
ne vaudroit qu'vne pistole ?

Du prix, & de la valeur des Poë-
mes, Epique, Elegiaque, & Dramatique ; Et combien il faut de Pata-
gons pour faire la monnoye d'vn
Sonnet; Ensemble vn discours parti-

culier des Sonnets, où il est traitté du
Sonnet de Prouince ; du Sonnet fa-
çon de Paris, & singulierement du
Sonnet marqué au coing du Marais.

Comme Louuot auoit l'esprit vif
& imaginatif au dernier poinct, il
n'eust pas terminé si tost cette sail-
lie, si son amy ne l'y eust obligé en
l'interrompant. Ma foy, luy dit-il,
vous verrez que le Poëte fera tant
de liures qu'il y mettra tout ce qu'il
sçait, & qu'il ne luy restera plus rien
pour ses Apophtegmes. Donnez-
vous patience ; vous en aurez, reprit
Louuot : Qu'à cela ne tiene que vous
ne soyez satisfait, & que son histoire
ne soit aussi belle que celle de Mormon. Figurez-vous donc que,

Vn iour qu'on luy parloit de celuy qui brusla le Temple de Delphes
pour rendre son nom immortel ; Il
le pouuoit faire à meilleur marché,
& auec moins de peine, dit-il ; Ne
connoissoit-il point de Poëte ?

Pource qu'on le railloit de ce qu'il portoit des cloux à ſes ſouliers, il reſpondit; Qu'il eſtoit de l'ordre de Pegaſe.

Comme on luy reprochoit ſon ancien habit bleu, il reſpondit; Qu'on n'habille point Dieu autrement.

Vne fois qu'on luy demandoit pourquoy il mangeoit ſi peu; C'eſt de peur de mourir de faim reſpondit il; voulant dire que c'eſtoit pour eſpargner dequoy manger le lendemain.

Mormon luy demandant vn iour; Côment peux-tu viure & manger ſi peu? Et toy, reſpondit il au Paraſite; Comment peux-tu viure & manger tant?

Chantant vn iour dans vne compagnie, il le fit ſi miſerablement qu'on le liura aux Pages, & aux Laquais qui le penſerent accàbler de pierres. Quand on luy reprochoit cette auanture, il difoit, Qu'il auoit cela de commun auec Orphée & Amphion, d'attirer les pierres, & les rochers.

Vne autrefois tout le monde s'eftant leué dés qu'il commença à reciter de fes Vers, il dit, Qu'il eftoit le coq de tous ceux de fa profeffion.

Se voyant raillé vn iour fur fa petite taille qui le rend fi grotefque, il repliqua, Que le Royaume des Cieux eft comparé dans la Sainte Efcriture à vn grain de mouftarde.

Mocqué vn iour de ce qu'il grattoit fa tefte pour faire des Vers qu'õ luy demandoit; Comment voulez-vous que ie les en tire, dit-il, fi ce n'eft auec les mains?

Vne autrefois fur le mefme fujet; Pour qu'vn champ rapporte, refpondit-il, il faut bien qu'il foit labouré.

Encore vne autrefois en vne occafion femblable, comme on le railloit de ce qu'il grattoit tant fa tefte pour en faire fortir fes Vers; Ho!ho! Ie croy bien, repliqua-t'il; Il fallut bien fendre celle de Iupiter, pour en faire fortir Minerue.

Comme on luy reprochoit qu'il eftoit logé bien prés des tuilles, il dit; Qu'ayant à communiquer tous les iours auec les Dieux, il eftoit bien raifonnable qu'il fift là moitié du chemin.

Vn iour qu'on luy difoit qu'il eftoit bien mal veftu pour vn Poëte d'importance, il repartit, Que fou‑ uent Virgile eftoit bien relié en par‑ chemain.

Louuot n'eut pas pluftoft acheué cette plaifante tirade, que fon amy fut obligé de prendre congé de luy, pource qu'il fe faifoit fort tard. Ils fi‑ rent encore neantmoins cette re‑ flection auant que de fe feparer, Que bien que les trois caracteres de nos trois perfonnages fuffent auffi rares

qu'il

qu'il s'en pust trouuer; Il n'y auoit
rien neantmoins de si ridicule dans
ces trois, mis tous ensemble, qui ne
se rencontre en vn degré bien plus
haut, dans chacun de nos Poëtes en
particulier, dont il n'y a presque pas
vn, qui ne soit plus miserable que
Desjardins; qui ne fasse profession
mieux que Mormon d'escornifler
les tables d'autruy ; & qui ne dise
de plus sottes pointes que la Heris-
foniere. Là dessus ils se separerent.

Le lendemain Louuot n'eut pas
plustost acheué de disner, qu'on luy
vint dire qu'vn nommé Monsieur de
Mormon demandoit à parler à luy.
Ce nom de Mormon l'estonna fort:
Mais sa surprise fut encore bien plus
grande lors qu'ayant fait monter cét
homme, il apperceut celuy mesme
qu'il auoit veu brusler le iour precedent à la Greve. Il crut pourtant que
ce pourroit estre l'vn de ses freres, &
se donna bien de garde de luy rien

'M

témoigner de son soupçon, de peur
de le desobliger. L'en tira
bien-tost. Monsieur, luy dit-il, peut-
estre que vous me vistes hier en vn
lieu qui fait que vous aurez de la pei-
ue à me reconnoistre aujourd'huy.
Mais c'est vne auanture que ie vous
esclairciray quand il vous plaira , &
que i'auray plus de loisir. Pour cette heure ie vous prieray seulement,
s'il vous plaist, Monsieur, d'excuser
mon importunité.　Ayant tres par-
ticulierement affaire à vn certain
homme nommé Desjardins, & ne
sçachant où le rencontrer, i'ay sçeu
qu'hier au soir il estoit venu ceans,
& c'est ce qui m'a fait prendre la li-
berté, Monsieur, de vous venir demander si vous ne sçauez point où ie
le pourrois trouuer, où bien apprendre de ses nouuelles.

Louuot qui auoit apris que Desjardins estoit l'vn des accusateurs de
Mormon, vit bien qu'il y auoit quel-

que chose l'a deffous, qu'il ne com-
prenoit pas , & aprés luy auoir té-
moigné fon eftonnement, il luy repartit ; Qu'il eftoit bien fafché de ne
le pouuoir fatisfaire fur ce qu'il defiroit: Qu'il eftoit bien vray que celuy
dont il luy parloit, eftoit venu le iour
precedent chez luy ; mais qu'il n'en
auoit point eu de nouuelles depuis ;
Et qu'enfin par tout où il s'agiroit
de luy rendre feruice, il s'y employe-
roit tres volontiers. Mormon le remercia de fes ciuilitez , & prit auffi-
toft congé de luy fans tarder vn mo-
ment.

Quand il fut party, Louuot faifant
reflection fur l'execution du iour
precedent, fe reffouuint qu'en effect il n'auoit point veu brufler cét
homme , & conclut qu'il falloit
qu'indubitablement pendant le
long difcours de l'hiftorien de la
Greve, on euft remené le criminel dans fa prifon , fans qu'ils y

eussent pris garde : Que le bruit du
peuple à vn accident si nouueau, leur
auoit fait croire faussement qu'on
l'executoit ; Et que ne voyant presque plus personne dans la place, ils
auoient pensé à tort que l'affaire
eust esté paracheuée. Il ne se trom-
poit pas dans ses conjectures, & la
chose estoit allée comme il se l'imaginoit, ainsi que vous le verrez par
la suitte de ce discours ; car ie vous
deffie de ne la pas lire.

    Quelques heures aprés, il vit en-
trer dans sa Chambre l'Historien de
la Greve, qui venoit querir le papier
qu'il luy auoit presté. La premiere
chose que Louuot luy dit, ce fut, que
Mormon venoit de partir de chez
luy. Ie le sçay bien, repliqua l'autre,
car ie le viens de trouuer, & i'ay
apris de plus de sa propre bouche,
son innocence, la malice de ses accusateurs, & la façon dont il a euité
la mort. Louuot le pria de luy en fai-

re le recit. Voicy comme il s'en acquita.

SVITTE

DES HISTOIRES
du Parafite, du Pointu, & du Poëte.

Vovs vous fouuenez bien comme ie vous dis hyer que deux de fes amis l'auoient fait trouuer difant d'horribles impietez, & dans l'action d'vn autre peché auffi enorme dans noftre creance. L'vn de ces deux eftoit ce Poëte qui m'inter-

rompit si souuent, & ce fut à cause de
luy que ie ne les voulus pas nommer.
Quant à l'autre ie le vis aussi deuant
nous plus proche du posteau. Mais
pour vne plus nette intelligence de
ce desmeslé, il faut reprendre les
choses d'vn peu plus haut, & remon-
ter à la source de l'habitude qu'auoit
Mormon auec ces deux personnes.

Vous deuez sçauoir que le dernier qui se nomme de la Hetissonie-
re, est vn homme qui fait le bel esprit, & qui ne prononce pas vne seule parole qui ne soit vne pointe.
Louuot dit qu'il le sçauoit, & qu'il
n'ignoroit pas non plus le nom du
Poëte. Vous aurez donc apris, poursuiuit l'historien, qu'auec cela cér
aigu personnage trouue la loüange
de si bon goust ; à cause peut estre
qu'on ne sert autre chose tous les
iours à Dieu dans les Eglises, qu'il
ne se peut non plus souler de cette
viande spirituelle, que Mormon des

plus folides de la cuifine. Louuot
refpondit que pour cela il ne le fça-
uoit pas ; qu'il auoit bien ouy dire
quelque chofe de femblables du
Poëte, mais non pas du Pointu. Ie
vous laiffe à penfer cela eftant, continua l'hiftorien, fi ce n'eftoient pas
la deux gens fort propres pour s'accommoder enfemble ? Et fi Mormon eftant toufiours preft à faire
largeffe pour vn difner, de plus de
loüanges qu'il n'y en a dans les Eloges des hommes Illuftres de Sainëte
Marthe ; & le Poïntu reffemblant à
ces toneaux dont on tire tout ce
qu'on veut, pourueu qu'on leur donne du vent : fi cela eftant, difie, ce
n'eftoient pas la deux hommes fort
propres l'vn pour l'autre, & dignes
chacun de fon compagnon ? Auffi
contraëterent - ils en peu de temps
vne fi eftroitte amitié, qu'on ne vid
iamais d'eux ames mieux vnies en
apparence. Elles fe diuiferent pour-

tant. Mormon difnoit vn iour en
fort grande compagnie chez le
Pointu, lors qu'il prit fantaiſie à celuy-cy de le railler ſur ſa gourmandi-
ſe, luy reprochant que ſans doute,
ſon grand nez n'eſtoit ſi retrouſſé
par le bout, que pour euiter les atteintes de ſa bouche qui n'eſpar-
gnoit rien. Mormon ſe ſentant def-
ferré ne luy reſpondit qu'entre ſes
dents, de ſorte que l'autre pourſui-
uant ſa pointe; Voyez-vous, adiou-
ſta-t'il, comme il mange iuſqu'à ſes
parolles.

Depuis ce temps là, ſoit que veritablement Mormon par vangean-
ce, ou par vn effect de ſon incon-
ſtance naturelle, ceſſaſt d'enſenſer
ſon Idole: ſoit que ce ne fuſt qu'vn
pur effect de l'imagination du Pointu qu'on ne pouuoit raſſaſier de
loüanges, & qui ſelon la couſtume
de ceux qui ont deſobligé quelqu'vn, ſe figuroit peut eſtre à tort

que l'autre luy vouloit du mal , quoy
qu'il n'y penſaſt poſſible pas ; Tant
y a qu'il ſe perſuada que ſon Paraſite ne l'eſtimoit plus comme de couſtume. Iugez ſi ce fondement de
leur amitié eſtant renuerſé , elle
pouuoit durer long-temps. Ils ne
laiſſoient pas pourtant de ſe voir encore de fois à d'autres , quoyque
auec aſſez de froideur, lors que le
malheur de Mormon adiouſta encore à l'indifference, la haine du Pointu, pour l'occaſion que ie vous vais
dire. Il eſtoit ſi paſſionément ialoux
d'vne certaine fille nommée Mademoiſelle de l'Eſpine, que c'eſtoit aſſez de la regarder pour le mettre en
ceruelle, & luy cauſer des tranſports
inexprimables. Or il arriua qu'il
prit garde que Mormon paſſoit tous
les iours deuant ſa porte. C'en fut
aſſez pour luy donner martel en teſte, principalemẽt lors qu'il s'apperceut que le Paraſite entrant d'ordi-

naire dans vne maison qui estoit tout
proche, sa Maistresse ne manquoit
guere d'y aller incontinent aprez.
Or ce qui estoit cause que Mormon
se rendoit la si souuent, c'est que
c'estoit le logis d'vn de ses amis, où
il alloit tous les iours disner depuis
qu'il estoit mal auec le Pointu ; Et
la pauure Mademoiselle de l'Espine, ne s'y trouuoit aussi, que pour
visiter vne des ses compagnes qui
estoit malade, & qui demeuroit
dans la mesme maison sur le derriere. Toutefois la Herissoniere qui
s'imaginoit bien autre chose, se laissa
tellement emporter à sa passion, qu'il
se resolut de se vanger enfin du pauure Desjardins, comme ie vous d'i-
ray, quand ie vous auray deduit l'histoire de sa connoissance auec le
Poëte.

Ce lieu ou ie vous viens de dire
qu'il alloit disner estoit la chambre
du Poëte. Voicy l'origine de leur

amitié. Vn iour Mormon paſſant
dans le cloiſtre de Noſtre-Dame, vit
vn homme pourſuiuy d'vne armée
de ieunes gens, qui luy iettoient des
pierres. Trouuant vne ſi belle occaſion de ſe faire vn amy, c'eſt à dire, de gagner quelque diſner, il reſolut de ſecourir ce pauure malheureux, & il fit tant qu'il luy donna
moyen de ſe ſauuer dans vne maiſon
où il ſe retira auec luy. Ce miſerable qui eſtoit Desjardins, ſe voyant
en lieu lieu de ſeureté, ne manqua
pas de remercier ſon liberateur, &
de le prier à diſner, ce qui ne fut pas
comme vous pouuez croire refuſé
par Mormon. Ils s'en allerent donc
enſemble au logis de ce Poëte, ou
ils noüerent grande connoiſſance,
par l'enuie que chacun d'eux en
auoit. Car Desjardins iugeoit par le
bon office que Mormon luy auoit
rendu, qu'il luy pourroit eſtre fort
vtile à le tirer de quantité de mau-

uaiſes affaires, qu'il s'eſtoit attirées,
tant par ſa médiſance, que pour ſes
debtes & autres vices; & Mormon
croyoit auoir trouué vn hôme qui le
nourriroit tout le reſte de ſa vie, luy
eſtât ſi neceſſaire. C'eſt à quoy ils s'o-
bligerent reciproquement tous deux
auant que de ſe ſeparer, le Poëte
ayant receu quelque argent depuis
peu. Mais ô! malheur, Mormon ne
s'en fut pas pluſtoſt allé, que Desjardins eſtant ſorty pareillement, tous
les Marchands qui auoient couſtume de luy faire credit, eſtonnez de
luy auoir veu faire plus de deſpen-
ſe en ce ſeul repas, qu'il n'auoit accouſtumé de faire en vne année, le
vinrent tirer par ſon manteau pour
luy dire; L'vn; Monſieur, Il y a pour
le diſner, trois douzaines de pains;
L'autre; Trois eſpaules, deux eſclan-
ches, & vn aloyau; L'autre; Huiⓒt
bouteilles de vin; & ainſi du reſte.
Que penſez vous que deuint le pau-

ure Poëte à ces fafcheufes attaques?
Tu ne m'y tiens plus , s'efcria-t'il;
Et i'ayme bien mieux me refoudre
à ne plus mefdire, & à ne plus em-
prunter à credit, car ta vaillance eft
vne vertu qui eft trop chere pour
moy. Il s'en alla du mefme pas chez
Mormon pour rompre leur marché,
qu'ils reduifirent en fin à deux dif-
ners par femaine. Les voila donc encore affez bons amis en apparence.
Mais ce que ie vous vais raconter
acheua de gafter tout.

Mormon paffant vn iour qui n'e-
ftoit pas de ceux dont ils eftoient
conuenus , deuant le logis de fon
amy, s'aduifa d'y monter (Il ne faut
pas demander à quel deffein) & apperceut en entrant, que Desjardins
qui l'auoit defcouuert, cachoit fous
fon lict vne efpaule de mouton, de
peur d'eftre obligé par bien-feance
de le prier d'en manger.

Ie ne vous diray point fi ce coup

luy fut fenfible. Tant y a qu'il en eut
bien fa reuanche le lendemain, qu'il
eut le plaifir de voir ofter le manteau
de deffus les efpaules du pauure petit Poëte fans le deffendre ; par vne
femme chez laquelle il auoit logé,
& qu'il n'auoit pas oublié, felon fa
couftume, de ne payer point.

De vous apprendre fi Desjardins
fut plus affligé de la perte de fon
manteau, que de la perfidie de fon
amy, qu'il accufoit d'auoir contre-
uenu à la foy des traittez, c'eft ce
que ie fçaurois faire. Tout ce que ie
vous puis dire, c'eft qu'au moins dif-
fimula-t'il fon reffentiment de telle
forte, qu'il fouffrit mefme fans fe
plaindre, la contrainte que le Parafite luy fit l'efpée à la gorge, de le
nourrir tous les iours foir & matin,
pendant quelque temps qu'il auoit
de l'argent ; Et qu'il n'y a pas douze
iours qu'il le fit mefme venir loger
auec luy dans le College de la Mar-

che où il demeuroit depuis peu. Mais
helas! on dit bien vray qu'il ne se faut
iamais fier à vn ennemy reconcilié.

Voyla donc le commencement,
le progrez, & la decadence des ami-
tiez de Mormon; & c'est ce dont i'ay
iugé qu'il estoit necessaire de vous
instruire, auant que de vous en faire
voir la catastrophe.

Desjardins, & Mormon ne furent
pas plustost logez ensemble, que le
Poëte dissimulant sa haine, fit plus
de caresses à son amy que deuant;
c'est à dire le traitta plus que iamais, ne luy parla que de se réjoüir;
Et pour faire desbauche entiere, il
luy proposa de faire venir quelque
femme coucher auec eux dans leur
College. Mormon qui n'est pas ennemy de la chair, y consentit comme
vous pouuez croire. Mais le Poëte
luy representa qu'il estoit trop diffi-
cile d'en faire venir vne sans scanda-
le auec ses vestemens ordinaires, &

qu'il falloit absolument la faire desguiser en homme, pour en ioüir auec
plus de seureté, & moins d'inquie-
tude. Le pauure duppe qui ne se dou-
toit de rien, trouua son aduis fort
bon; Et en effet ils l'executerent dés
le lendemain. Mais le Poëte ne les
vit pas plustost ensemble, que sçachant bien que dés qu'il seroit sor-
ty, ils ne manqueroient pas de se ca-
resser, il les quitta pour aller, disoit-
il, commander à disner dans vn gar-
got qui estoit à la porte; mais en effet pour faire venir vn Prestre, & plusieurs autres personnes, à qui il fit
voir par vn petit trou qu'il auoit fait
exprés, Mormon couché auec cette
fille, qu'ils prirent tous facilement
pour vn garçon à cause de ses vestemens. Il est vray que la preuention
qu'il auoit iettée dans leurs esprits,
& vn rideau qui ne leur permettoit
de voir que la moitié du corps de nos
amants, ayderent fort à les tromper.

Les

Les voila donc en resolution de se
saisir de Mormon toùt sur l'heure.
Neantmoins Desjardins qui n'en
auoit pas enuie, de crainte que sa
fourbe ne fust descouuerte, leur persuada qu'il valloit mieux pour plus
grande seureté, s'en aller chez vn
Cõmissaire deposer ce qu'ils auoiét
veu. Il les pria donc de l'aller atten-
dre à la porte du College, pource-
que son manteau estát dans la chambre de Mormon, il estoit obligé d'y
rentrer afin de le prendre. C'estoit
pourtant moins pour cela, que pour
acheuer sa perfidie, & les empescher
de la reconnoistre. Car il alla dire
à son amy d'vn visage estonné, qu'il
falloit vistement faire esquiuer cette fille, tout le College ayant esté
abreuué de leur stratageme. Là dessus il sortit luy mesme le premier,
comme pour voir s'il n'y auoit personne sur les degrez, ny dans la cour,
dont la presence leur pust estre nui-

N

sible; en effet pour aller rejoindre ses
gens qu'il emmena tousiours deuant,
de peur que cette fille venant à passer auprés d'eux, quelqu'vn ne la re-
connust, par hazard.

Voila donc le Poëte qui s'en va
du mesme pas chez vn Commissai-
re; La pauure fille qui s'euade du
College toute alarmée; Et Mormon qui demeure seul dans sa chambre, bien triste d'auoir veu si viste finir ses contentements. Mais considerez comme toutes choses conspi-
roient en mesme temps contre ce
pauure mal-heureux.

A peine fut-il seul, que le Pointu
luy vint rendre visite, auec vn gros
Liure sous son bras. L'arriuée de
cét homme surprit vn peu nostre Parasite, pource que depuis quelque
temps, ainsi que ie vous ay apris, ils
se voyoient fort rarement: Neantmoins cela n'empescha pas qu'il ne
le receust d'vn tres bon visage, &

qu'il ne luy demandaſt, quel eſtoit
le beau Liure qu'il tenoit ? Ce n'eſt
rien, repliqua l'autre, comme ne ſe
ſouciant pas de le luy montrer : puis
en l'ouurant; C'eſt, pourſuiuit-il, vn
cours de Philoſophie d'vn Regent
ſous lequel i'ay eſtudié. Mais mon
Dieu, à propos, i'y viens de lire vn
Chapitre où il prouue la Diuinité,
dans lequel il y a bien les plus belles
choſes du monde. La deſſus il luy
montra le traitté, diſant qu'il falloit
qu'ils le leuſſent enſemble ; & que
pource que tout le volume eſtoit fait
par obiections, & reſponces, Mormon leuſt les raiſons contre la Diuinité, & luy qu'il en liroit les ſolu-
tions. Le Paraſite s'y accordant,
le Pointu feignit d'aller voir hors
de la chambre, s'il n'y auoit point
laiſſé tomber ſon mouchoir en venant. Mais c'eſtoit en effect pour
faire ſigne par vne petite feneſtre
qui reſpondoit ſur la Cour, à des

gens qu'il auoit amenez exprez pour
estre les témoings de leur conuersa-
tion, & qu'il n'auoit pas voulu faire
monter plustost , de peur qu'ils ne le
fussent aussi de ce long preambule.
Cela fait, comme s'il eust trouué son
mouchoir il rentra le tenant à la
main , & se mit sans autre discours à
lire le premier dans le Liure vne raison pour la Diuinité. Le pauure
Mormon, ne manqua pas à tomber
dans le piege, en lisant selon qu'il
auoit esté accordé entr'eux, les raisons qui la destruisent. Mais il fut
bien estonné qu'au bout d'vn quart
d'heure il entendit rudement heur-
ter à sa porte, & vit entrer dans sa
Chambre des gens , qui tenant vn
papier en main tout fraischement
escrit, luy dirent que c'estoient les
execrables blasphemes, & l'entrai-
nerent sans autre forme de proces
hors de son College. Il eut beau
crier qu'il n'auoit rien dit qui ne fust

dans ce Liure, penfant le trouuer fur
fa table. On ne le youlut pas feulement entendre ; outre que fon ennemy auoit dé-ja eu le foin de le ietter dans vn aifement qui eftoit proche tant il auoit bien pris fes mefu-
res. C'eft ce qu'il à aduoüé tantoft.

Cependant les autres qui eftoient
allez chez le Commiffaire , reue-
noient auec main forte, pour fe fai-
fir de Mormon , quand ils le rencon-
trerent au milieu de cette troupe de
gens bien armez. Ils creurent qu'il
auoit eu le vent de leur deffein ; &
que ceux cy qui l'emmenoient, fuffent quelquesvns qu'il euft pris pour
l'efcorter iufqu'en lieu de feureté.
Car i'oubliois à vous dire que ce
pauure malheureux pour euiter
fçandale, les auoit fuppliez de ne le
point lier, auec promeffe de les fuiure volontairement. Ils fe refolurent
donc de l'auoir à quelque prix que
ce fuft ; Et pour cét effect l'vn d'eux

le saisissant, dit à ceux qui l'accom-
pagnoient, Qu'ils eussent à le leur remettre en main, de par le Roy. Ceux-
cy dirent qu'ils n'en feroient rien ;
Ceux-là qu'ils l'auroient donc de
force. La dessus ils mirent l'espée à
la main ; Et ce fut alors vne chose
assez plaisante, de n'entendre des
deux costez que crier : Main forte à
la Iustice. Si Mormon eust sçeu la
verité de l'affaire, il n'eust pas manqué de se sauuer : Mais son malheur
voulut que voyant ces autres gens
attaquer si brusquement ceux qui
l'emmenoient en prison, & sur tout
reconnoissant son amy le Poëte au
milieu d'eux, il se persuada luy mesme, que c'estoient sans doute des
personnes qu'il auoit amassées en sa
faueur ; Et que se rangeant de leur
costé auec vne espée, & vn pistolet
de l'vn des morts, il trauailla long-
temps à sa perte, & se batit s'il faut
ainsi dire contre luy mesme. Enfin

donc son party fut le vainqueur.
Mais il fut bien estonné qu'il se sen-
tit incontinent resaisir, lier, garo-
ter, & remener en prison le plus
honteusement du monde. Il ne faut
pas demãder si quand il y fut, ses ennemis trauaillerent à son procez. Ils
le luy firent faire ainsi que vous auez
sçeu, & firent tant qu'il fut hier me-
né en Greue pour y estre bruslé,
comme vous en auez esté le témoin
vous mesme. Il est vray que le plaisir que Mormon prenoit à se voir
nourir aux despens du Roy, fut si
grand, qu'il ne se soucia pas beaucoup de trauailler à sa iustification,
sçachant bien qu'il luy seroit tousiours aisé de montrer son innocence. Il voulut mesme venir iusque
dans la place, afin m'a t'il dit, de faire mieux paroistre le crime & la
trahison de ses ennemis; & que comme son affront auoit esté public, la
reparation le fust aussi. Mais il m'a

aduoüé enfin, que ce n'eſtoit pas là
ſeule raiſon qui l'y auoit obligé, &
que ce qu'il auoit ouy dire en priſon,
qu'on ne refuſe iamais aux pauures
malheureux deſtinez au ſupplice, là
derniere grace qu'ils demandent,
auoit eſté pour luy vne raiſon bien
plus puiſſante, iugeant qu'il ne pouuoit trouuer vne meilleure occaſion
de boire & manger tout ſon ſaoul.
Aprez qu'il s'en fut donc acquité
cóme nous le luy viſmes faire ſur ſon
pain chaland, il iugea que le temps
de ſe deſcouurir eſtoit venü. Meſſieurs, s'eſcria t'il, monſtrant le ieune
homme auec lequel il auoit couché,
& qu'il auoit fait trouuer là expreſ-
ſément; N'eſt ce pas là celuy auec
lequel on m'accuſe d'auoir peché?
Il fallut conſulter les teſmoins qui
par bon-heur ſe trouuerent preſens,
horſmis le Poëte qu'on ne pût trouuer, & qui dirent tous vnanimement
qu'oüy. Là deſſus, il fit voir que c'e-

ſtoit vne fille, & iuſtifia ſon innocence de ce coſté-là. Puis demandant le
procez verbal dès paroles qu'on luy
auoit entenduës prononcer; Il les
fit voir toutes mot pour mot, auec
les reſponſes de ſa partie, dans vn
cours de Philoſophie imprimé depuis peu; ce qui ne ſurprit pas medio-
cremét le Pointu, qui auoit choiſi vn
manuſcript tout exprés, pour mieux
couurir ſa fourbe par vn liure inconnu, & dont il ne croyoit pas qu'on
puſt trouuer d'autre exemplaire. Là
deſſus, noſtre innocent coupable fit
vne longue deduction de la pluſpart
des choſes que ie vous viens de dire.
La meſchanceté de ſes accuſateurs
fut deſcouuerte; On ſe ſaiſit du Pointu, car le Poëte en ayant eu le vent
s'eſtoit euadé; & ils furent menez
en priſon. Ce matin il a preſenté requeſte, & à la faueur de quelques
Iuges de ſes amis, il a obtenu ſon
eſlargiſſement, moyennant caution.

La premiere chofe qu'il a faite, c'eft de tafcher à defcouurir ce qu'eftoit deuenu le Poëte ; & ayant oüy dire qu'on l'auoit hier veu fortir de ceans, il y eft venu pour en apprendre quelques nouuelles. Il defefpere pourtant de le rencontrer, pource qu'il a fçeu qu'hier tout le foir il ne fit que porter des Sonnets d'vn cofté & d'autre à tout le monde, ce qui luy fait croire que c'eftoit pour gaigner dequoy s'en fuyr ; d'où vient fans doute, ce qu'on m'a dit, qu'il refufa de fouper auec vous. Pour ce qui concerne le Pointu, Mormon n'eft point refolu d'en prendre d'autre vengeance, que de le faire condamner à luy donner tous les iours à difner, pour auoir rompu fa fortune en le diffamant ; ce qui le fait tenir pour ruiné, car quoy qu'il foit riche, on fçait bien qu'il n'y a point de facultez qui puiffent tenir bon contre les attaques de ce Parafite.

C'est ainsi que l'Historien finit sa narration. Louuot vid bien qu'à la mode des gens d'esprit, il l'auoit vn peu enrichie sur la fin, pour la faire trouuer meilleure. En effet la verité estoit, comme il l'aduoüa apres, que Mormon n'eust pas plustost pû sortir de prison quand il l'eust voulu ; Et que son innocence ne s'estoit descouuerte que par le moyen de la fille, qui touchée du remors de voir iniustemét brusler vn homme pour auoir couché auec elle, vint sur l'heure de l'execution confirmer tout ce que Mormon auoit dit, mais qu'on n'auoit pas voulu croire. Les témoings la reconnurent comme il a esté déja raconté. Pour ce qui concerne l'impieté qui faisoit l'autre point de sa condamnation, il s'en purgea par le moyen d'vn Prestre de son College qui apporta à mesme temps ce Liure dans lequel il venoit de trouuer à l'heure mesme, mot pour mot toutes les paroles du procez verbal.

Louuot & son amy s'entretinrent encore quelque temps sur ce sujet, & firent en suite reflection au premiers vers que le Poëte auoit prononcez à la Greve. Il les auoit tirez d'vne Ialousie imprimée à Paris, cette année mesme. Nous ne les remettrons point-icy pour en donner l'intelligence : Elle est maintenant assez facile, & si l'on les veut voir il est assez aisé de recourir au commencement de ce Liure. Ils eurent encore plusieurs autres propos que nous ne iugeons point necessaire d'adjouster non plus, comme trop esloignez de nostre dessein. Si l'on nous demande quel il est, nous respondons que c'est assez que nous le sçachions, & que nous ne sommes pas obligez d'en rendre conte.

Fin de Mormon.

www.ingramcontent.com/pod-product-compliance
Lightning Source LLC
Chambersburg PA
CBHW070610100426
42744CB00006B/447